GU RATGEBER KINDER

DÖRTE KUHN

Abnehmen für Kinder

- So finden dicke Kinder Spaß an Bewegung
- So erlernen sie das richtige Essverhalten
- Wie Eltern ihre Kinder motivieren können

GU

Inhalt

Ein Wort zuvor

Sie machen sich Sorgen um das Gewicht Ihres Kindes und sind unsicher, ob Ihr Nachwuchs nicht zu viel mit sich herumträgt? Oder ist Ihr Kind schwer übergewichtig? Vielleicht leidet es schon unter gesundheitlichen Folgen wie Rückenschmerzen, Bluthochdruck oder schlechten Blutfettwerten. Eventuell wird Ihr Kind wegen seines Gewichts bereits gehänselt und von Klassenkameraden und Freunden ausgelacht. Dann ist es an der Zeit, etwas für die Gesundheit und das Wohlbefinden Ihres Kindes und gegen das Zuviel an Speck zu unternehmen. Mit dem Kauf dieses Buches haben Sie nun den ersten Schritt in die richtige Richtung getan.

Sie werden erfahren, welche Art der Unterstützung Ihr Kind benötigt, um mit seinem Gewicht in einen gesundheitlich unbedenklichen Bereich zu gelangen. Für die drei wichtigen Bereiche Bewegung, Ernährung und Motivation werden Sie vielfältige und kindgerechte Anleitungen zu einem gesünderen Verhalten finden. Mir war dabei sehr wichtig, dass sich der Aufwand für Sie als Eltern gut bewältigen und leicht in Ihren Familienalltag einbinden lässt. Die Rezepte für die kleinen Fast-Food-Fans sind selbst für absolute Kochanfänger schnell nachzukochen. Doch es gibt nicht nur Rezepte. Daneben erfahren Sie, wie die optimale Ernährung für Ihr Kind aussieht und wie Sie diese im täglichen Leben umsetzen können.

Im Bewegungsteil finden Sie einen Test, mit dessen Hilfe Sie herausfinden werden, wo die körperlichen Stärken und Schwächen Ihres Kindes liegen. Bei den Übungen für Bewegungsmuffel sowie den vielen Spielen wird bei Ihrem Kind und vielleicht ja auch bei Ihnen der Spaß an Bewegung nicht lange auf sich warten lassen. Im letzten Teil dieses Buches gebe ich Ihnen zahlreiche Anregungen, wie Sie Ihrem Kind den Weg zu mehr Bewegung und gesundem Essen erleichtern können und wie Sie sein Selbstbewusstsein stärken.

Ich weiß aus meiner jahrelangen Arbeit mit dicken und dünnen Kindern, dass der erste Schritt, um sein Verhalten zu verändern, stets der schwierigste ist. Den haben Sie nun bereits getan. Mit Ihrer Hilfe wird Ihr Kind es schaffen, langfristig Freude an Bewegung und Appetit auf gesundes Essen zu entwickeln und dadurch sein Gewicht dauerhaft zu normalisieren. Ich wünsche Ihrem Kind und Ihnen viel Erfolg!

Dörte Kuhn

CHAMP

Zu dick? Das lässt sich ändern!

Ihr Kind hat seinen Babyspeck noch auf den Rippen, obwohl es aus dem Babyalter schon lange heraus ist? Damit steht es nicht allein da, denn immer mehr Kinder haben Übergewicht, oft sogar so viel, dass sie deswegen behandelt werden müssen.
Wie stark Ihr Kind davon betroffen ist und wie groß seine gesundheitlichen Risiken sind, können Sie mithilfe unserer Übersichten und Tabellen leicht herausfinden. Außerdem finden Sie hier: die Ursachen und Folgen des kindlichen Übergewichts und wie Sie Ihr Kind auf dem Weg von dick nach dünn aktiv begleiten können. Dabei sind vor allem zwei Dinge wichtig: Spaß an Bewegung und Lust auf leckeres und zugleich gesundes Essen!

Dick ist nicht gleich dick

Adipositas – laut WHO eine ernst zu nehmende Krankheit

Dass Übergewicht mit all seinen möglichen Folgen heute als ernst zu nehmendes medizinisches Problem angesehen wird, zeigt bereits die Reaktion der Weltgesundheitsorganisation (WHO): Sie stufte das krankhafte Übergewicht, medizinisch »Adipositas«, vor kurzem sogar als chronische Erkrankung ein. Je nach Schwere des Übergewichts wird zwischen Übergewicht und krankhaftem Übergewicht unterschieden. Diese Unterscheidung ist wichtig, weil das Risiko, etwa an einer Fettstoffwechselstörung oder Herz-Kreislauf-Erkrankung zu erkranken, sich mit steigendem Gewicht Ihres Kindes erhöht.
Im Klartext heißt das: Wenn Ihr Kind mäßig übergewichtig ist, sich aber ausgewogen ernährt und ausreichend bewegt, liegt sein gesundheitliches Risiko nur unwesentlich höher als das eines normalgewichtigen Kindes. Ist Ihr Kind jedoch adipös, also stark übergewichtig, dann ist das Krankheitsrisiko bereits so groß, dass ausschließlich eine Gewichtsreduktion dabei helfen kann, sein Risiko auf ein Normalmaß herunterzuschrauben.

Schätzen Sie Ihr Kind richtig ein

Wie dick ist Ihr Kind tatsächlich?

Ob Ihr Kind einfach nur etwas kompakter aussieht oder tatsächlich Übergewicht oder Adipositas hat, können Sie leicht herausfinden. Eine der einfachsten und sichersten Methoden hierfür ist der Body-

Hintergrund

Nach Ergebnissen des WHO-MONICA-Projekts, das sich unter anderem mit der Entwicklung von Übergewicht beschäftigt, wird in Deutschland bereits jedes fünfte Kind und jeder dritte Jugendliche als übergewichtig eingestuft. Die Hälfte dieser Kinder ist krankhaft übergewichtig, also adipös. Es ist zu erwarten, dass etwa 80 Prozent der dicken Kinder später zu dicken Erwachsenen werden. Deshalb bezeichnen Fachleute die Krankheit Übergewicht heute bereits als die größte Epidemie des 21. Jahrhunderts.

Mass-Index (BMI), auf deutsch »Körpermassenindex«, von dem Sie sicher schon gehört haben. Er hat die früher geläufige Broca-Formel (Körpergröße in Zentimetern minus 100 entspricht dem Normalgewicht) abgelöst, da er das Gewicht sehr viel detaillierter in Relation zur Körpergröße setzt.

TIPP!
Unter www.mybmi.de können Sie die Werte Ihres Kindes eintragen und erhalten auf Knopfdruck eine Bewertung seines BMI. Sie können diese Werte abspeichern und sich Verlaufskurven anschauen.

Um den BMI Ihres Kindes bestimmen zu können, benötigen Sie lediglich sein Gewicht und seine aktuelle Körpergröße. Mithilfe dieser beiden Werte errechnen Sie dann mit unten stehender Formel den Body-Mass-Index (BMI).
Für Erwachsene gibt es von der WHO empfohlene BMI-Grenzwerte zur Unterscheidung von Übergewicht und Adipositas. Da der BMI bei Kindern je nach Alter und Geschlecht stark variiert, wird zuerst der BMI errechnet und die dabei gewonnenen Werte schließlich mithilfe der so genannten Gewichts-Perzentilen ausgewertet (siehe Seite 10 und 11).

Jetzt sind Sie dran!

Sie können den BMI mit Hilfe eines Taschenrechners und folgender Formel ganz leicht berechnen:

BMI = Gewicht im Verhältnis zur Körpergröße

BMI = Körpergewicht (in kg) **geteilt durch**
Körpergröße (in m) **im Quadrat**

Beispiel: Ihr Kind wiegt 60 kg und ist 1,40 m groß.
BMI = 60 : (1,4 x 1,4) = 60 : 1,96 = 30,6
In diesem Fall beträgt der BMI Ihres Kindes also rund 31.

Welchen BMI hat Ihr Kind?

$$\text{BMI} = \frac{\text{Körpergewicht (kg)}}{\text{Körpergröße (m)}^2} = \frac{\qquad\qquad}{} = \dots\dots$$

Gewichts-Perzentilen

Perzentilen-Grafiken helfen, den Ist-Stand zu ermitteln und zu deuten

Mithilfe der Gewichts-Perzentilen lässt sich Unter-, Normal- und Übergewicht einfach feststellen, indem der aktuelle BMI in Kombination mit dem Alter des Kindes in die Perzentilen-Tabelle eingetragen wird. Je nachdem, wo Ihr Punkt liegt, sehen Sie auf den ersten Blick, ob Ihr Kind noch im blauen Bereich (Normalgewicht) liegt, oder ob bereits akuter Handlungsbedarf in Sachen Gewichtsreduktion besteht. Da die Grenzen je nach Geschlecht variieren, finden Sie im Folgenden je eine Perzentilen-Graphik für Jungen und Mädchen.
Den eben errechneten BMI Ihres Kindes können Sie nun in der entsprechenden Perzentilen-Kurve suchen. Gehen Sie dazu auf der waagerechten Achse so weit, bis Sie das Alter Ihres Kindes gefunden haben. Wandern Sie nun senkrecht nach oben, und markieren Sie mit Bleistift den von Ihnen errechneten BMI. Befindet sich Ihre Markierung über der 90. Perzentile (roter Bereich), hat Ihr Kind Übergewicht; liegt sie über der 97. Perzentile, hat es Adipositas.
Ein Beispiel: Annemarie ist 8 Jahre alt und hat einen Body-Mass-Index von 18. Anhand der Perzentilen-Kurve für Mädchen auf Seite 11 können Sie sehen, dass bei 8-jährigen Mädchen ein BMI von 18 unter der 90. Perzentile liegt. Annemaries Gewicht befindet sich also noch im Normalbereich.

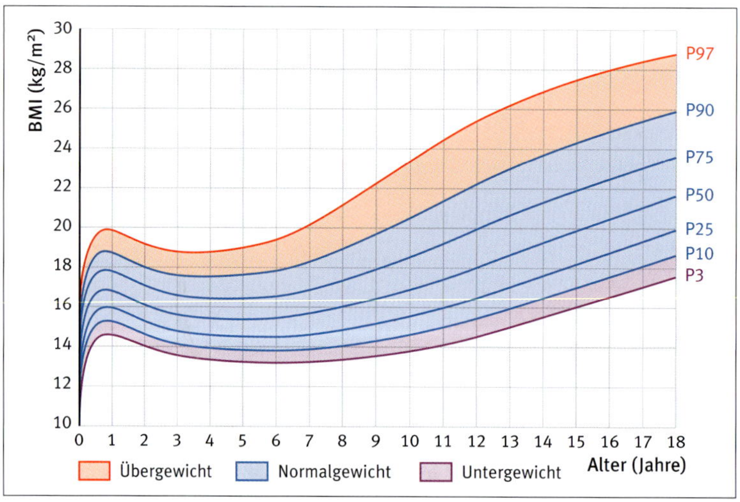

Perzentilen für den BMI von Jungen (0–18 Jahre)

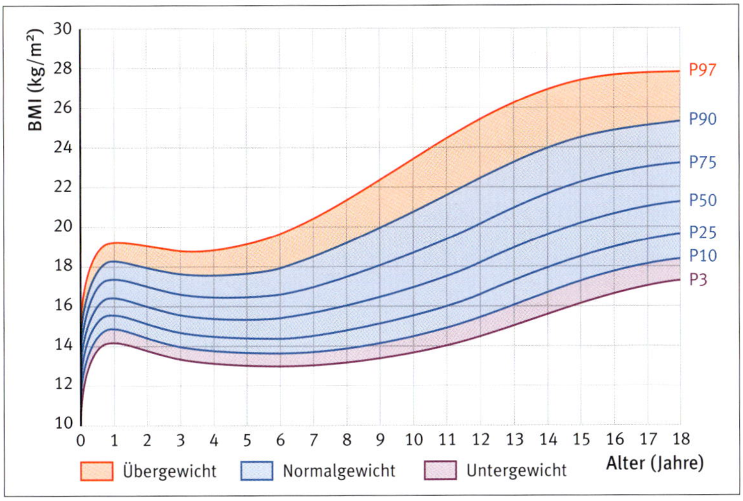

Perzentilen für den BMI von Mädchen (0–18 Jahre)

Wie funktioniert die Körperfett-Messung?

Fettgewebe leitet Strom schlechter

Die Messung des Körperfettanteils ist vor allem für die Verlaufskontrolle während eines Therapieprogramms von Bedeutung. Die Messung kann auf unterschiedliche Arten durchgeführt werden. Beim Kinderarzt wird mithilfe von Elektroden an Händen und Füßen ein schwacher, nicht spürbarer Strom durch den Körper Ihres Kindes geführt. Da Fett Strom anders leitet als Magermasse, kann anhand der Messdaten der prozentuale Fettanteil ermittelt werden. Dieses Verfahren nennt sich Bioimpedanz-Analyse, kurz BIA. Weitere Möglichkeiten, den Körperfettanteil zu messen, sind z. B. die Magnet-Resonanz-Tomographie (MRT) oder eine Ultraschall-Untersuchung. Die BIA ist jedoch die einfachste, schnellste und kostengünstigste Methode.

Sind Messungen zu Hause sinnvoll?

Mit Hilfe so genannter BIA-Waagen oder -Handgeräte kann man heute den Körperfettanteil auch selbst messen. Das ist aber, ebenso wie das ständige Wiegen, nicht ratsam, da die Mess-Situation für Ihr Kind unangenehm ist – vor allem, wenn das Ergebnis keinen Erfolfg bedeutet. Ersparen Sie Ihrem Kind diesen Frust. Wenn Sie die Kontrolle dem Kinderarzt überlassen und seltener zu Hause wiegen, helfen Sie Ihrem Kind, einen entspannteren Umgang mit seinem Gewicht zu finden.

»Messen in Maßen« sollte das Motto sein

Warum ist mein Kind zu dick?

Die häufigste Ursache für Übergewicht und Adipositas ist schnell zusammengefasst: Überernährung bei gleichzeitigem Bewegungsmangel. Es gibt jedoch auch noch andere mögliche Auslöser, wie beispielsweise die Einnahme von Medikamenten oder Krankheiten, die Übergewicht nach sich ziehen können.

»Überernährung«

Gründe fürs Dicksein gibt es viele

Tatsache ist, dass Ihr Kind nur dann zunimmt, wenn es durch seine Nahrung mehr Kalorien aufnimmt, als es verbraucht. Das ist schnell der Fall, wenn Kinder das Falsche essen, also wenn Nahrung mit zu viel Fett und Zucker sowie hochkalorische Getränke wie Cola oder süße Limonaden bevorzugt werden. Ob das auf Ihr Kind zutrifft, können Sie einfach mithilfe des Ernährungs-Tagesprotokolls auf Seite 40 herausfinden. Doch neben der Frage »Was isst Ihr Kind?« sind auch die Fragen »Wie isst es?« und vor allem »Warum isst es?« von Bedeutung. Ihnen wird ebenfalls im Protokoll auf Seite 40 nachgegangen.

Der Hunger allein ist es fast nie

Essen bedeutet nicht nur, dem Körper Nahrung zuzuführen, sondern erfüllt daneben auch andere Funktionen. Es dient unter anderem der Geselligkeit, bietet Trost, macht Mut, kann aber auch Belohnung oder Strafe sein. Ein Beispiel: Leben die Eltern getrennt oder gibt es zu Hause ständig Streitereien, können Kinder versuchen, mit Essen ihre Angstgefühle (»Was wird aus mir?«) oder die Sehnsucht nach Liebe (»Die haben mich gar nicht mehr lieb«) zu kompensieren. Schnell sind in diesem Fall ein paar Kilo zu viel auf den Rippen.

Die Signale werden überhört

Wenn derartige Nebenfunktionen überhand nehmen, wird Ihr Kind irgendwann nicht mehr auf die natürlichen Hunger- und Satt-Signale hören, sondern vor allem essen, um eben diese anderen Bedürfnisse zu befriedigen – womit das Übergewicht vorprogrammiert ist. Einen Einfluss auf die Nahrungsmenge, die Ihr Kind zu sich nimmt, hat außerdem die Art und Weise, wie es isst. Wer unaufhörlich nebenbei

Wenn Süßigkeiten & Co. zum Trostpflaster werden ...

... ist Übergewicht schon fast vorprogrammiert

isst, der isst – über den ganzen Tag gesehen – mehr. Das gilt auch, wenn die entsprechenden Portionen tatsächlich nur kleine Snacks sind, da sich die einzelnen Kleinigkeiten summieren. Dass dies relativ häufig vorkommt, sieht man schon allein daran, dass das ständige Nebenherknabbern sogar einen eigenen Namen hat und unter dem Begriff »Snacking« bekannt ist.

Bewegungsmangel als Regel

Herumtoben und fit sein ist (leider) nicht mehr »trendy«.

Tatsächlich hat sich das Bewegungsverhalten der Kinder in den letzten Jahrzehnten dramatisch verschlechtert, wie verschiedene Studien zu diesem Thema zeigen:

- Laut einer Langzeitstudie der AOK sank allein zwischen 2001 und 2003 die körperliche Fitness der Kinder um 20 bis 26 Prozent.
- Außerdem förderte sie zutage, dass sich Grundschüler heute im Durchschnitt nur noch eine Stunde am Tag bewegen, den Rest der Zeit verbringen Sie auf der Schulbank, vor den Hausaufgaben und in ihrer Freizeit vor Computer und Fernseher.
- Schließlich zeigte sich, dass ein zehnjähriges Kind 1976 im Durchschnitt in sechs Minuten 1024 Meter laufen konnte, während ein gleichaltriges Kind 1996 nur noch 876 Meter schaffte.

Diese Ergebnisse verwundern nur auf den ersten Blick, denn Tatsache ist, dass manche Kleinkinder bereits bis zu vier Stunden täglich vor dem Fernseher oder Computer verbringen! Das ist vor allem für dicke Kinder umso schlimmer, da, wie von der Deutschen Gesellschaft für Ernährung (DGE) im Ernährungsbericht 2000 eindeutig nachgewiesen wurde, es einen

Bewegungsmangel und Übergewicht: ein Teufelskreis

direkten Zusammenhang zwischen Fernsehkonsum und Übergewicht gibt. Die Gründe hierfür sind schnell geklärt: Wer sich wenig bewegt, verbraucht weniger Energie – das Zunehmen wird erleichtert. Je weniger Ihr Kind sich jedoch bewegt, desto weniger Muskeln wird es haben. Je mehr Muskeln zurückgebildet werden, umso mehr sinkt der tägliche Kalorienverbrauch. Da dicke Kinder sich irgendwann nur noch ungern bewegen, beginnt die Gewichtsspirale sich ab diesem Punkt rasant nach oben zu bewegen.

Nur selten sind Krankheiten ...

Bei einigen Krankheiten, wie beispielsweise einer Schilddrüsen-Unterfunktion, kann es zur Ausbildung eines krankhaften Übergewichts kommen. Wenn Ihr Kind stark übergewichtig ist, sollten sie deshalb zuerst einen Arzt konsultieren. Nur er kann ausschließen, dass eine Erkrankung vorliegt, und diese dann gezielt behandeln. Der Anteil der Kinder, deren Übergewicht auf eine Krankheit zurückzuführen ist, ist normalerweise jedoch sehr gering.

Medikamente oder ...

Es gibt auch einige Medikamente, die zu einer verstärkten Einlagerung von Körperfett führen. Dies ist beispielsweise bei der so genannten intensivierten Insulintherapie bei Typ-1-Diabetes, früher als jugendliche Zuckerkrankheit bezeichnet, zu beobachten. Falls Ihr Kind unter Diabetes leidet, sollten Sie Ihren Arzt oder Ihr Diabetes-Team befragen, welche alternativen Therapien es für Ihr Kind gibt.

genetische Gründe die Ursache

Es stimmt tatsächlich: Übergewicht kann – zu einem gewissen Maße jedenfalls – in der Familie liegen. Man geht davon aus, dass zwischen 30 und 50 Prozent des Übergewichts genetisch veranlagt sind. Es gibt aber nicht ein einziges »Dickmacher-Gen«, das für alles verantwortlich ist, sondern es handelt sich um eine Vielzahl von beteiligten Genen. Das bedeutet aber nicht, dass Ihr Kind seinem Gewicht hilflos ausgeliefert ist, und sollte auf keinen Fall als Ausrede gelten. Aber falls in Ihrer Familie Übergewicht Tradition hat, wird Ihr Kind es schwieriger haben, sein Gewicht zu stabilisieren beziehungsweise zu verringern.

Übergewicht ist kein Erbe, dem man nicht entrinnen könnte!

Irgendwann leidet der Körper

Dicksein = Gesundheitsrisiko

Übergewicht und Adipositas als »ästhetischen Unfall« abzutun, wäre völlig falsch. Vielmehr handelt es sich um eine chronische Erkrankung mit weit reichenden Folgen für Körper und Seele.

Problem: Bewegungsapparat

Das zusätzliche Gewicht belastet die Gelenke

Etwa 60 Prozent der übergewichtigen Kinder haben Haltungsschäden, sehr viele von ihnen leiden bereits unter chronischen Rückenschmerzen. Durch das zusätzliche Gewicht ist der gesamte Bewegungsapparat dauerhaft großen Belastungen ausgesetzt, sodass bereits im frühen Erwachsenenalter häufig die Diagnose »Arthrose«, der gefürchtete Gelenkverschleiß, gestellt werden muss. Besonders gefährdet sind dabei die Knie-, Hüft- und Sprunggelenke Ihres Kindes. Hinzu kommen oft weitere Erkrankungen des Kniegelenks, eine der häufigsten ist dabei die Schädigung des Kniescheiben-Knorpels. All diese Abnutzungserscheinungen führen zu starken Schmerzen, was wiederum die Bewegung erheblich beeinträchtigt. Ist der Knochen schließlich zu stark angegriffen, können nur noch künstliche Gelenke weiterhelfen.

Operation als letzte Lösung

Solche Operationen haben bei übergewichtigen Menschen allerdings geringere Erfolgschancen als bei Normalgewichtigen. Doch die Probleme sind nicht auf Erwachsene beschränkt: Erste Schädigungen der Gelenkknorpel können bereits bei dicken Jugendlichen auftreten.
Da dicke Kinder und Jugendliche sich meist weniger bewegen als ihre normalgewichtigen Altersgenossen, sind sie nicht so reaktionsschnell und ihr Körper ist schlechter trainiert. Dadurch steigt das Risiko, sich bei ganz alltäglichen Bewegungsabläufen zu verletzen.

Zweiter Schwachpunkt: Herz-Kreislauf-Erkrankungen

Die Folgen des Übergewichts beschränken sich aber nicht auf den Bewegungsapparat, auch Herz und Kreislauf leiden unter zusätzlichen Pfunden. Rund ein Viertel aller dicken Kinder haben bereits in jungen Jahren Herz-Kreislauf-Probleme. Mögliche Spätschäden können Arterienverkalkung sowie dauerhafte Herzschädigungen sein.

Schlafen, ohne sich zu erholen

Symptome, die sonst Erwachsenen vorbehalten sind …

Ein weniger bekanntes Phänomen ist die Schlaf-Apnoe. Dabei kommt es unter anderem wegen des Übergewichts im Schlaf immer wieder zu Atemstillständen, die von Fall zu Fall mit reflexartigem Aufschrecken enden können. Während dieser Atemstillstands-Phasen nimmt die Sauerstoffsättigung des Blutes ab. Dadurch ist der Schlaf nur wenig erholsam, so dass die Kinder trotz ausreichender Ruhezeiten in der Nacht auch tagsüber sehr müde sind, sich nur schlecht konzentrieren können und häufig über Kopfschmerzen klagen. Langfristig kann es durch die Schlaf-Apnoe aber auch zu einer Schädigung des Herzens kommen. Bei diesem Problem kann eine Gewichtsreduktion meist schnelle Abhilfe schaffen.

Stoffwechselerkrankungen

… treten verstärkt auch bei übergewichtigen Kindern auf

Doch auch die Stoffwechselerkrankungen machen vor dicken Kindern nicht Halt: Immer mehr betroffene Kinder leiden an Typ-2-Diabetes, früher als Alters-Diabetes bezeichnet. Sie hat Ihren Namen daher, dass ursprünglich vor allem ältere Menschen an ihr erkrankten. Doch aufgrund von Übergewicht kann dieser Typ bereits bei Kindern auftreten. Als weitere, sehr häufig auftretende Begleiterkrankungen sind vor allem Fettstoffwechselstörungen und sogar Gicht zu nennen.

Auch die Psyche nimmt Schaden

Schwer zu erkennen und nicht minder gefährlich

Schmerzen in den Knien oder dem Rücken sind leicht zu lokalisieren und unter Umständen auch zu behandeln. Doch viel unauffälliger, aber ebenso »gefährlich« für dicke Kinder und Jugendliche sind die auf den ersten Blick unsichtbaren Schädigungen, welche die Psyche durch das Übergewicht nehmen kann.

Die Bandbreite der Probleme ist groß: Allen voran ist das oftmals geknickte Selbstwertgefühl zu nennen, das durch die mehr oder weniger verhohlenen Bemerkungen und Blicke täglich aufs Neue sinkt. Das kann langfristig schwer wiegende Folgen, wie beispielsweise Depressionen, nach sich ziehen. Doch auch das Verhältnis zum eigenen Körper ist gestört, das heißt, dass viele Kinder noch nie erfahren beziehungsweise schon wieder vergessen haben, wie gut es sich anfühlt, den eigenen Körper beim Sport intensiv wahrzunehmen.

ADS und ADHS – was ist das?

Vom Aufmerksamkeits-Defizit-Syndrom (ADS) haben Sie vielleicht schon gehört. Unter diesem Begriff wird ein Bündel von Symptomen zusammengefasst, die je nach Kind unterschiedlich ausgeprägt sind. Vor allem treten folgende Eigenschaften auf: unaufmerksam, unkonzentriert, impulsiv, unruhig und hyperaktiv. Mitunter wird die Hyperaktivität zusätzlich durch ein H (ADHS) ausgewiesen. Sollten Sie den Verdacht haben, dass Ihr Kind betroffen ist, dann setzen Sie sich am besten mit einem auf diesem Gebiet erfahrenen Arzt, Psychologen oder Therapeuten, mit einer Elterninitiative oder Selbsthilfegruppe in Verbindung. Dort erfahren sie auch, wie Sie selbst Ihrem Kind mit entsprechenden Techniken und Methoden weiterhelfen können.

Kinderseelen sind empfindlich

Vorurteile gegen Dicke sind an der Tagesordnung

Kinder und Jugendliche mit Übergewicht und Adipositas haben es unter Gleichaltrigen, aber auch grundsätzlich in der Gesellschaft schwer: Oft werden sie wegen ihres Aussehens und der plumpen Bewegungen gehänselt und verspottet – sie haben keine Chance dazuzugehören. Sicher erlebt auch Ihr Kind täglich die schiefen Blicke der Freunde, offene, häufig aber auch versteckte Diskriminierungen von Erziehern, Lehrern, Bekannten – und Fremden. Ihnen wird nicht nur das Dicksein vorgeworfen, sondern noch viele andere Dinge, die vermeintlich mit ihrem Übergewicht zusammenhängen: Dicke sind dumm, unsportlich, langweilig, hässlich und gehören deshalb nicht dazu!

Kritiker im eigenen Lager

Wenn schon die eigene Familie kein Verständnis hat ...

Besonders tief verletzt und verunsichert ist ein dickes Kind, wenn die eigenen Eltern und die Familie zu ewigen Kritikern werden. »Du bist zu dick«, »Du musst dünner werden«, »Du siehst ja schon genauso schwabbelig wie Tante Lisa aus«, »Die Chips sind für mich, du isst besser einen Apfel«, »Du bekommst keinen Nachtisch, du bist eh zu dick«, sind nur einige Kommentare, welche betroffene Kinder wahrscheinlich nur zu gut kennen. Was solche Aussagen für verletzte Kinderseelen bedeuten, können normalgewichtige Erwachsene kaum nachvollziehen. Selbst charakterlich gefestigte dicke Kinder haben dann irgendwann das Gefühl »Ich bin nicht richtig, so wie ich bin«. Kein Wunder, dass sie sich in ihrer Haut unwohl und unglücklich fühlen.

Bewegung macht schlau

Überkreuzen löst Blockaden und erleichtert das Denken

Die körperliche Entwicklung eines Kindes ist eng verzahnt mit seiner geistigen Entwicklung: Kinder, die sich viel bewegen, die regelmäßig toben und spielen, betreiben eine natürliche Vorsorge gegen Lernstörungen: Sie können besser rechnen und können sich Dinge leichter merken, wie verschiedene Studien gezeigt haben. Denn immer wenn wir uns bewegen, bilden sich neue Vernetzungen und Schaltkreise zwischen den Nervenbahnen, die später auch für andere Leistungen genutzt werden können. Als besonders effektiv haben sich Überkreuzbewegungen herausgestellt: Sie lassen nicht nur neue Synapsen entstehen, sondern führen auch noch dazu, dass der Verbindungsbalken zwischen den beiden Gehirnhälften aktiviert wird, so dass beide Hälften besser zusammenarbeiten können.

Die Folgen sind fatal

Übergewichtige Kinder sind stark gefährdet

Und genau diese Situation ist gefährlich: Wird hier nicht eingegriffen, kann es zu gestörter psychosozialer Entwicklung, aber auch zu Essstörungen kommen. Etwa 15 Prozent aller dicken Kinder und bis zu 40 Prozent der übergewichtigen Jugendlichen leiden bereits unter psychosozialen Auffälligkeiten, was sich in auffälligem Verhalten in der Schule äußern kann. Es gilt zudem als sicher, dass beispielsweise Jugendliche mit Übergewicht häufiger Selbstmord begehen, häufiger Drogenprobleme haben und leichter an Depressionen erkranken.

Schulschwierigkeiten

Probleme in der Schule sind oft vorprogrammiert

40 Prozent aller dicken Kinder leiden unter Aufmerksamkeits- und Konzentrationsstörungen. Die Gründe hierfür können sehr unterschiedlich sein: Unter anderem sind die Außenseiterrolle in Schule und Kindergarten, die Sticheleien und kritischen Bemerkungen der eigenen Familie oder auch ein Nährstoffmangel aufgrund einer unausgewogenen Ernährung zu nennen.
Hinzu kommt, dass die Bewegungsentwicklung eng mit der geistigen Entwicklung zusammenhängt; wenn sich dicke Kinder aufgrund ihres Gewichts also nicht mehr bewegen, kann es zudem zu einer verringerten schulischen Leistungsfähigkeit kommen.

Eltern-Initiative ist gefragt

Wie Sie Ihrem Kind helfen können und welche Therapie angemessen ist, hängt vor allem von zwei Fragen ab. Erstens: Wie übergewichtig ist Ihr Kind? Zweitens: Stehen noch Längenwachstumsschübe aus, die im Alter von fünf bis sieben und von elf bis achtzehn Jahren stattfinden? Ein Beispiel: Wenn Ihr Kind nur leichtes Übergewicht (knapp über der 90. Perzentile) hat und zu erwarten ist, dass es bald noch in die Länge wächst, reicht es völlig aus, wenn es erst einmal versucht, sein Gewicht zu halten. Denn wenn der Körper bei konstantem Gewicht in die Länge wächst, sinkt automatisch der BMI – Ihr Kind nimmt also ab, ohne sein Gewicht zu reduzieren.

Stabilisierung des Gewichts schon ein großer Erfolg

Im Extremfall: Gewichtsreduktion

Ist Ihr Kind stark übergewichtig (BMI über der 97. Perzentile) oder leidet es bereits unter ernst zu nehmenden Begleit- oder Folgeerkrankungen, ist es sinnvoll, dass es sein Gewicht reduziert. Ihr erster Gang sollte Sie nun zum Kinderarzt führen. Er wird Ihnen erklären, welche Schritte im Falle Ihres Kindes folgen sollten. Begleitend werden Ihnen

Wo steht Ihr Kind?

Besteht Handlungsbedarf, und wenn ja, welcher? Vergleichen Sie die Werte Ihres Kindes mit dem Flussdiagramm – hier sehen Sie auf einen Blick, wie es weitergehen sollte.

Lebensalter 2 bis 6 Jahre

- BMI liegt zwischen 90. und 97. Perzentile → Relatives Gewicht halten
- BMI liegt über der 97. Perzentile → Sind bereits Begleiterkrankungen vorhanden?
  - nein → Absolutes Gewicht halten, dadurch den BMI senken
  - ja → Gewicht reduzieren und dadurch den BMI senken

Lebensalter 6 Jahre und älter

- BMI liegt zwischen 90. und 97. Perzentile → Relatives Gewicht halten
- BMI liegt über der 97. Perzentile → Sind bereits Begleiterkrankungen vorhanden?
  - nein → Gewicht reduzieren und dadurch den BMI senken
  - ja → Gewicht reduzieren und dadurch den BMI senken

zu den Themenbereichen »Bewegung«, »Ernährung« und »Motivation« die Praxiskapitel unseres Buches weiterhelfen.

Essstörungen auf jeden Fall ernst nehmen

Liegt bei Ihrem Kind eine Essstörung vor, ist dringend therapeutische Hilfe angeraten. Informieren Sie sich zuerst einmal bei Ihrem Kinderarzt, oder suchen Sie entsprechende Beratungsstellen auf. Die Adressen dazu finden Sie über die Bundeszentrale für gesundheitliche Aufklärung (siehe Seite 125) oder über Ihre Krankenkasse.

Therapie – ohne Ihre Hilfe geht nichts

Falls Ihnen bei Ihrem Besuch beim Spezialisten zu einer professionellen Therapie geraten wird, haben Sie die Wahl zwischen einem ambulanten Therapieprogramm und einer stationären Behandlung. Ansprechpartner und spezialisierte Kliniken finden Sie über die Deutsche Adipositas-Hilfe e. V. (siehe Seite 125). Als ambulante Therapieprogramme sind unter anderem »Vitakids« für Deutschland und das Programm »Schlank ohne Diät« für Österreich zu empfehlen (siehe Seite 119 f.).

Ihre Zeit und Unterstützung: das beste Therapiemittel überhaupt

Doch unabhängig davon, welcher Weg für Ihr Kind empfohlen wird: Nun sind Sie als Eltern gefordert. Dabei spielt es weniger eine Rolle, ob Sie die Möglichkeit haben, viel Zeit mit Ihrem Kind zu verbringen, oder ob Sie Ihre Zeit zwischen Kind und Beruf aufteilen müssen: Nur Sie allein können Ihrem Kind die jetzt so dringend benötigte Rückendeckung geben. Das beinhaltet, dass Sie Ihr Kind beim Abnehmen konkret unterstützen. Doch daneben gibt es einen Aspekt, der fast noch wichtiger ist: Ihr Kind hat, außer dass es dick ist, noch viele andere Eigenschaften, die es zu einem einzigartigen, wundervollen Menschen machen. Und eben das sollten Sie Ihrem Kind immer wieder zeigen und sagen!

Machen Sie Mut zur richtigen Ernährung!

Ihr Kind ist nicht anders als andere Menschen auch: Es isst nicht nur um satt zu werden, sondern weil es gut schmeckt, weil es Spaß macht und in geselliger Runde stattfindet, weil es tröstet oder weil das Kind sich damit vielleicht belohnen will. Dies sind nur einige Faktoren, die sich auf Ihre Ernährung und die Ihres Kindes auswirken.

Beim »Was«, »Wie« und »Warum« können Sie ansetzen

Wichtig ist zu wissen, dass man diesen Faktoren nicht hilflos ausgeliefert ist, sondern sie auch positiv beeinflussen kann. Sie und Ihr Kind bestimmen nämlich allein, was gegessen wird, wie gegessen wird – in Ruhe oder Hektik, allein oder in Gesellschaft – und aus welchem Anlass man isst.
Natürlich lassen sich nicht alle diese Punkte von heute auf morgen komplett anders gestalten. Doch es lohnt sich für Ihr Kind – und auch für Sie – Ihre Ernährung und Ernährungsgewohnheiten langsam und Schritt für Schritt, dafür aber dauerhaft umzustellen.

Konstanz statt Diät

Finger weg von Blitzdiäten!

Strenge Diäten für Kinder dürfen ausschließlich unter medizinischer Aufsicht erfolgen, da ansonsten die große Gefahr besteht, dass Ihr Kind den für seine Entwicklung nötigen Nährstoffbedarf nicht mehr decken kann. Crash-Diäten sind für Ihr Kind absolut tabu, da kurzfristige, oftmals sehr merkwürdige Ernährungsumstellungen kein vernünftiges Ernährungsverhalten vermitteln. Hinzu kommt, dass sich das Gewicht nach Crashdiäten nur sehr schlecht langfristig stabilisieren lässt – der Jo-Jo-Effekt dieser Diäten ist hinreichend bekannt. Außerdem ist inzwischen nachgewiesen, dass diese Diäten oft der Ausgangspunkt für spätere Essstörungen sind.
Sinnvoll ist dagegen die langsame, aber dauerhafte Umstellung auf eine ausgewogene, fettreduzierte und kohlenhydratreiche Mischkost, denn nur so wird Ihr Kind sein Gewicht dauerhaft halten.

Dem Darm auf die Sprünge helfen

Leidet Ihr Kind öfter an Verstopfung? So vielfältig wie die Gründe dafür sind auch die Maßnahmen dagegen, die meist recht einfach sind: Achten Sie darauf, dass Ihr Kind sich genug bewegt, da durch körperliche Bewegung auch die Bewegung des Darms angeregt wird. Wenn möglich sollte Ihr Kind die Mindest-Trinkmenge (siehe Seite 33) überschreiten und auf Schokolade und andere stopfende Süßigkeiten verzichten. Vollkorn statt Weißmehl und wenn möglich rohes Gemüse, das gut gekaut wird, tragen ebenfalls ihren Teil dazu bei. Der positive Nebeneffekt: All diese Dinge helfen Ihrem Kind auch beim Abnehmen!

Essen mit Zeit und Genuss

Der erste Punkt bei der Umstellung des Essverhaltens sollte sein, dass die Nahrung auf fünf Mahlzeiten am Tag verteilt wird. Denn je regelmäßiger Ihr Kind etwas zu sich nimmt, desto kleiner wird die Versuchung, ständig nebenbei zu naschen.

Wenn möglich sollten die Mahlzeiten in einer entspannten, lockeren Atmosphäre eingenommen werden. Nehmen Sie sich für das Essen ausreichend Zeit, und zeigen Sie Ihrem Kind, dass Essen ein Genuss sein kann, der Zeit und Aufwand lohnt.

»Slow Food« statt Fast Food als Motto

TIPP!

Je größer der Ausdaueranteil einer Sportart ist, desto mehr Kilokalorien verbraucht Ihr Kind während des Sports.
Je größer der Kräftigungsanteil einer Sportart ist, desto größer wird auf lange Sicht die Muskelmasse Ihres Kindes, was zu einem erhöhten täglichen Kalorienverbrauch führt: Ihr Kind verbraucht also auch außerhalb des Sports jeden Tag mehr Energie. Wichtig für die Gewichtsregulierung ist daher ein Training von Ausdauer *und* Kraft.

Sicher gibt es Situationen, in denen das nicht einfach sein wird: Wenn es bisher morgens beim Frühstück schnell gehen musste, können Sie in Zukunft vielleicht etwas früher aufstehen, um die Hektik aus der ersten Mahlzeit des Tages zu nehmen. Oder sind Sie berufstätig, und Ihr Kind isst mittags oft allein? Decken Sie in diesem Fall den Tisch bereits am Morgen, und vermitteln Sie Ihrem Kind so, dass selbst ein Mittagessen als Solist es wert ist, sich Zeit zu nehmen. Diese und viele weitere Anregungen finden Sie in unserem Praxisteil.

Ihr Vorbild macht's

Das Essverhalten Ihres Kindes zu verändern, ist ein langer und oft mühevoller Weg. Es wird aber umso leichter gelingen, je besser Sie als Vorbild sind. Kindern lernen nämlich sehr schnell, indem sie das Verhalten Ihrer Eltern nachahmen, häufig ohne dass es ihnen selbst bewusst ist. Sie sollten daher als gutes Beispiel vorangehen. Überdenken Sie vielleicht einmal Ihr eigenes Essverhalten: Was essen Sie, wie essen Sie und vor allem warum essen Sie? Wenn Sie sich gemeinsam daran machen, einige alte Zöpfe in Sachen Ernährung abzuschneiden, sind Sie auf einem guten Weg mit realistischem Ziel!

Nehmen Sie Ihr eigenes Essverhalten unter die Lupe

Leben Sie eine Welt in Bewegung vor

Zeigen Sie Ihrem Kind täglich Spaß an Bewegung

Auch in Sachen Bewegung können Sie Ihrem Kind unter die Arme greifen: Machen Sie aus seiner Sitzwelt eine Bewegungswelt! Das beginnt im Alltag, indem es anstatt des Lifts die Treppen benutzt, Sie nicht für jeden Gang das Auto nehmen, sondern laufen oder aufs Fahrrad steigen, Ihr Kind häufiger Sport treibt und vor allem allein oder mit Freuden draußen wie drinnen tobt und spielt. Auch in punkto Bewegungsverhalten gilt, dass ein gutes Vorbild mehr bringt als belehrende Worte. Und die zusätzliche Bewegung hat gleich zwei Vorteile: Zum einen hilft sie Ihrem Kind, sein Gewicht langfristig zu regulieren und zu stabilisieren. Zum anderen vermindert sich dadurch das Risiko, für die bereits beschriebenen Krankheiten anfällig zu werden. Das gilt übrigens auch dann, wenn kein Gramm verloren geht.
Eines sollten Sie sich bewusst machen: Ihr Kind kann sein Bewegungsverhalten nur dann langfristig ändern, wenn Sie beide etwas dafür tun und gemeinsam daran Spaß haben. Um Ihnen den Einstieg in einen bewegten Alltag zu erleichtern, finden Sie im Praxisteil viele Anregungen, Empfehlungen, Übungen und Tipps, die sich problemlos in den Alltag einbauen lassen (siehe Seite 84).

Rückendeckung – die beste Motivation

Nörgeln bringt nichts: Unterstützen Sie Ihr Kind stattdessen

Zwischen dem Wissen, was alles zu tun ist, um das Gewicht zu halten beziehungsweise zu reduzieren, und dem Willen, die Maßnahmen durchzuziehen, liegen Welten. Letztendlich ist Ihr Kind in diesem Fall auf Sie angewiesen: Nur Sie können ihm die Kraft und Motivation geben, sich seinem Gewichts-Problem zu stellen. Sie können, anstatt zu nörgeln und zu schimpfen, gemeinsam einen Ausweg suchen. Geben Sie Ihrem Kind jetzt die Geduld und Liebe, die es braucht, um sein Verhalten langsam zu ändern. Zeigen Sie ihm, dass Sie es nicht auf sein Dicksein reduzieren, sondern seine anderen Qualitäten kennen und schätzen. So verhindern Sie, dass sich Ihr Kind auf Gewicht, Aussehen und Körper fixiert.
Falls Ihr Kind ein positives Selbst- und Körperbild hat, wird es ihm relativ leicht fallen, sein Verhalten zu ändern. Je selbstbewusster es ist, umso weniger wird es sich von Rückschlägen aus der Bahn werfen lassen. Denn eines muss klar sein: Rückschläge und Misserfolge gehören

»Langsam, dafür aber dauerhaft abnehmen«

zum Abnehmen. Sollte Ihr Kind einmal traurig sein, weil etwas nicht wie erhofft geklappt hat, kann Ihr Verständnis es trösten. Für manche Veränderungen braucht der Körper eben Zeit, egal ob sie im Kopf oder in den Organen stattfinden. Deshalb sollte Ihr Motto sein: Lieber länger, dafür aber dauerhaft abnehmen.

Vertrauen ist gut, Kontrolle ...

Wenn Ihr Kind sich entschieden hat, aktiv an seinem Gewicht zu arbeiten, wird es ganz ohne Kontrolle leider nicht gehen. Wird jedoch zu streng kontrolliert, kann das gemeinsame Beobachten des Gewichts zum Horrortrip für Kinder und Eltern werden. Oder die Kinder versuchen, die Kontrolle der Eltern zu hintergehen. Deshalb ist Ihrem Kind mit flexibler Kontrolle weitaus mehr geholfen: Sie schreiben nicht alles genau vor, sondern lassen ihm bei allen Vorschriften einen Spielraum. Das ermöglicht Ihrem Kind einen sehr viel entspannteren Umgang mit seinem Gewicht und seinem Körper. Es hat weniger Frustrationserlebnisse, und die Selbstverantwortung für seinen Körper erhöht sich Schritt für Schritt. Anhand der Beispiele in der folgenden Tabelle wird der Unterschied zwischen rigider, also von Ihnen diktierter, unnachgiebiger Kontrolle und flexibler Kontrolle deutlich.

Kinder können sich selbst kontrollieren – mit Ihrer Hilfe

Rigide Kontrolle – flexible Kontrolle

STRENGE, EINSCHNEIDENDE MASSNAHMEN:	MÄSSIGENDE MASSNAHMEN:
Du sollst in möglichst kurzer Zeit möglichst viel Gewicht verlieren. ● Mögliche Folge: Ein gestörtes Essverhalten ● Hilft höchstens kurzfristig	Du sollst dein Gewicht langsam verringern. ● Folge: Vermittelt ein bewussteres und gesünderes Essverhalten ● Hilft langfristig
Beispiel Ernährung: Du darfst nie mehr Schokolade essen.	**Beispiel Ernährung:** Du darfst eine Tafel Schokolade pro Woche essen, sollst sie dir aber selbst einteilen.
Beispiel Bewegung: Du darfst ab jetzt täglich nie mehr als eine halbe Stunde vor dem Fernseher sitzen.	**Beispiel Bewegung:** Du darfst in der Woche zwei Stunden fernsehen. Die Zeit darfst du selbst auswählen.

Der Weg ist das Ziel

Die Erkenntnis ist der Anfang jeder Veränderung

Im Idealfall schaffen Sie es, Ihrem Kind zu einem normalen Gewicht zu verhelfen. Das gelingt vor allem dann langfristig, wenn Ihr Kind erkannt hat, dass ihm diese neue, andere Art der Ernährung schmeckt und gut tut und dass Bewegen einfach Spaß macht. Als positiver Aspekt für Sie als Eltern kommt hinzu, dass bei einem absolut oder relativ gesunkenen Gewicht sich das Risiko für die bereits genannten Erkrankungen ganz wesentlich verringert – ein Punkt, der bei Kindern kaum als Motivation fürs Abnehmen dienen kann. Wenn Ihr Kind sich von nun an ausgewogen ernährt, erhält es zudem alle Nährstoffe, die es für eine gesunde Entwicklung braucht.

Schon nach den ersten Erfolgserlebnissen macht das Leben viel mehr Spaß!

Gewicht stabilisiert – der erste Schritt

Für viele Kinder bedeutet bereits die Stabilisierung des Gewichts anstatt weiterer Zunahme einen großen Erfolg. Wenn dies bei Ihrem Kind anfangs der Fall sein sollte, haben Sie bereits sehr viel für seine Gesundheit und Entwicklung getan. Folgt dann noch ein Wachstumsschub, sinkt automatisch der BMI. Und auch in diesem Fall gilt: Ausgewogene Ernährung und ausreichend Bewegung machen Ihr Kind zudem gesünder, leistungsfähiger und wesentlich ausgeglichener. Ihr Kind wird wieder mehr Spaß daran haben, mit seinen Freunden herumzutoben und vielleicht sogar bald seinen Lieblingssport entdecken. Und das ist schließlich der erste Schritt zu einem Leben, das Spaß macht und von dem man gar nicht genug bekommen kann!

Der Weg zur gesunden Ernährung

Neben dem Wie und Warum ist vor allem die Frage »Was essen wir« von entscheidender Bedeutung, wenn es darum geht, das Gewicht Ihres Kindes zu stabilisieren bzw. zu reduzieren.
Doch Ihr Kind mag kein Gemüse, ist ein Frühstücksmuffel oder zieht Süßes dem Schulbrot vor?
Wir zeigen Ihnen, wie die optimale Ernährung für Kinder aussieht und wie Sie es schaffen, dass Ihr Kind auch bei gesunden Leckereien gerne zugreift.
Damit die Umstellung auf die Fitmacher-Kost leichter fällt, finden Sie in diesem Kapitel zudem Austausch-Tabellen für Kalorienbomben, Hinweise für eine kaloriensparende Zubereitung und viele leckere Rezepte.

Der Mensch ist, was er isst!

Gesunde Ernährung bedeutet gesundes Wachstum

Vor allem für Kinder gilt: Nur wenn sie alle nötigen Nährstoffe, Mineralstoffe und Spurenelemente in ausreichender Menge zu sich nehmen, können sie gesund heranwachsen. Hinzu kommt, dass durch eine ausgewogene Ernährung viele ernährungsbedingte Krankheiten, unter anderem auch die so genannten Zivilisationskrankheiten wie etwa Gicht oder Rheuma, vermieden werden. Die Kinder sind in der Folge körperlich und geistig leistungsfähiger und können ihre Potenziale voll ausschöpfen. Wer sich gesund ernährt, kann aber noch mehr profitieren: Obst, Gemüse, Vollkornprodukte & Co. machen schneller satt – vor allem wenn man ausreichend trinkt und die Ballaststoffe dadurch aufquellen können. Die Folge: Man isst insgesamt weniger, wodurch sich langfristig auch das Gewicht und damit der BMI reduziert.

Von einer Ernährungsumstellung profitiert die ganze Familie

Sie wissen nicht, wie Sie alle diese Vorgaben für die Ernährung Ihres dicken Kindes in Ihren Familienalltag integrieren sollen? Kein Problem, denn gesunde Ernährung kommt der ganzen Familie zugute!

Gesunde Ernährung: Was ist das?

»Ausgewogen und abwechslungsreich«: Diese zwei Schlagworte tauchen heute beim Thema Ernährung ständig auf. Was genau verbirgt sich dahinter?
Die Lösung ist denkbar einfach: Man versteht darunter eine Ernährungsform, die dem Körper genügend Flüssigkeit sowie eine angemessene Kalorienmenge liefert.
Um im Dschungel der Lebensmittel die optimale Mischung für Ihr Kind zu finden, bietet Ihnen unser Ampelsystem bei der Zusammenstellung der Mahlzeiten Orientierung.

Das Ampel-Leitsystem

Hilft beim Zusammenstellen der Mahlzeiten

Wer sich an die Lebensmittel und Getränke im grünen Bereich hält, kann auch bei großem Hunger nichts falsch machen. Bei Gelb sollten Sie schon etwas zurückhaltender sein, während die Produkte im roten Bereich nur selten oder nur in geringen Mengen gegessen werden sollten.

Das Ampel-Leitsystem

»Stopp« sollte es bei diesen Lebensmitteln im Kopf rufen – wie bei einer roten Ampel. Natürlich kann man diese Nahrungsmittel nicht komplett streichen, doch man sollte sie nur selten und dann auch bewusst und sparsam einsetzen:

- stark gezuckerte Getränke wie Cola, Limonade oder Eistee
- gezuckerte Fruchtsaftgetränke und Fruchtnektare
- Malzbier
- Nüsse aller Art, da sie normalerweise viel Fett enthalten
- fette Brotaufstriche (Nuss-Nougat-Cremes etc.)
- Croissants jeder Art
- gezuckerte Frühstücksmüslis und -cerealien
- in Fett gebratene Kartoffeln
- Milchprodukte und Käse mit hohem Fettgehalt
- die meisten Wurst- und Fleischsorten
- Torten und Fettgebackenes (Krapfen etc.), Chips, Kekse
- die meisten Fast-Food-Produkte

In mäßigen Mengen sind diese Lebensmittel erlaubt:

- reine Fruchtsäfte, kalorienreduzierte Limonaden
- getrocknetes Obst
- Honig und Marmelade
- »normale« Brot- und Brötchensorten
- ungezuckerte Müslis und Cerealien
- Ofenkartoffeln jeder Art, Kartoffelbrei
- Magere Milch und Milchprodukte
- Geflügelwurst und -fleisch
- fettarmer Fisch
- Hefe- und Biskuitgebäck
- Spaghetti mit Tomatensauce
- Pizza mit Gemüsebelag

Grünes Licht, auch bei großem Hunger, gilt für diese Lebensmittel:

- Mineralwasser und Saftschorle
- Tees ohne Zucker
- frisches Obst
- Gemüse in jeder Form (ohne Fett zubereitet)
- Salate mit magerem Dressing
- Vollkornbrot/-brötchen
- Vollkornflocken
- gekochte Kartoffeln
- Vollkorn-Reiswaffeln

Das Leitsystem mit Rot, Gelb und Grün können selbst kleine Kinder gut nachvollziehen

Der optimale Nahrungsmix

Theoretisch und praktisch lässt sich eine ausgewogene Mischkost zusammenstellen, die in punkto Menge und Zusammensetzung alles enthält, was Ihr Kind optimalerweise zum Gedeihen braucht. Da dieses Hintergrundwissen sehr hilfreich sein kann, werden die wichtigsten Inhaltsstoffe, deren optimale Menge sowie deren Bedeutung für die Entwicklung Ihres Kindes nun kurz erklärt.

Wer benötigt was?

Der Bedarf von Kindern und Erwachsenen unterscheidet sich kaum!

Vergleicht man die von Kindern und Erwachsenen benötigten Nahrungsmengen und die jeweils empfohlenen Zusammensetzungen, so liegen die Werte so nah beieinander, dass man sie sogar als Mittelwerte zusammenfassen kann. Dementsprechend benötigen Sie und Ihr Kind

- 55–60 Prozent Kohlenhydrate
- etwa 30 Prozent Fett
- 10–15 Prozent Eiweiß

Das heißt, dass Sie und der Rest der Familie von einer Umstellung der Ernährung auf die oben angegebenen Werte nicht negativ betroffen sind – im Gegenteil, Sie können in gleicher Weise davon profitieren!

Kohlenhydrate

Kohlenhydrate sind für den Körper die wichtigste Energiequelle, da die Zellen des menschlichen Körpers die Energie für ihre Arbeit aus ihnen gewinnen. Je nach Anzahl der Grundbausteine wird zwischen Einfach-, Zweifach- und Mehrfachzucker unterschieden. Die beiden bekanntesten Einfachzucker sind Traubenzucker und Fruchtzucker. Zweifachzucker wie Rohrzucker, Haushaltszucker, Milchzucker oder Malzzucker bestehen aus zwei Molekülen. Aus vielen Molekülen bestehende Kohlenhydrate nennt man Mehrfachzucker oder komplexe Kohlenhydrate. Sie kommen meist gemeinsam mit vielen Vitaminen, Mineralstoffen, Spurenelementen und Ballaststoffen in Vollkorngetreide und -getreideprodukten, Nudeln, Brot, Reis, Kartoffeln, Gemüse und Obst vor. Ihr großer Vorteil ist zudem, dass sie viel besser sättigen als Einfach- oder Zweifachzucker.

Nutzen Sie die komplexen Kohlenhydrate in Vollkornprodukten, Obst und Gemüse

Tagesbedarf (K)

Ungefähr 55 bis 60 Prozent des Energiebedarfs Ihres Kindes sollten durch die Zufuhr von Kohlenhydraten gedeckt werden.

Niedriger GLYX = grüne und gelbe Ampelphase

GLYX

Der glykämische Index, kurz GLYX, beschreibt in einer Skala von 1 bis 100, wie stark ein Lebensmittel den Blutzuckerspiegel beeinflusst.

Lebensmittel mit einem hohen GLYX führen zu starken Veränderungen des Blutzuckers und dadurch zu einer erhöhten Insulinausschüttung. Dies führt zu einer eingeschränkten Fettverbrennung und fördert zudem Heißhungerattacken.

Daher ist es sinnvoll, Nahrungsmittel mit einem niedrigen GLYX zu bevorzugen, die meist einen hohen Anteil an komplexen Kohlenhydraten sowie Ballaststoffen aufweisen und daher gut sättigen. Nachfolgend einige Beispiele.

- Lebensmittel mit niedrigem GLYX:

Vollkornprodukte, ungezuckertes Müsli, Naturreis, die meisten Obst- und Gemüsesorten, fettarme Milch und Milchprodukte, mageres Fleisch, Fisch, Wasser, ungesüßter Fruchtsaft und Tee ohne Zucker

- Lebensmittel mit hohem GLYX:

Weißmehlprodukte, gezuckertes Müsli, geschälter Reis, Kürbis, Mais, reife Bananen, frittierte oder gebratene Kartoffeln, Trauben, Trockenfrüchte, Schokolade, Kekse, Zucker, Limonade, Cola, gesüßte Säfte

Fette

Fette sind die wichtigsten Geschmacksträger unserer Nahrung. Doch sie haben noch andere Aufgaben: Fette sorgen beispielsweise dafür, dass die fettlöslichen Vitamine A, D, E und K vom Körper aufgenommen werden können. Sie sind aber auch wichtige Bausteine für bestimmte Körperzellen und spielen zudem eine große Rolle bei der Entwicklung unseres Sättigungsgefühls.

Fette sind sehr gute Energieträger: Ein Gramm Fett enthält rund doppelt so viele Kilokalorien wie ein Gramm Kohlenhydrate. Kein Wunder also, dass zu viel zugeführte Energie im Körper in Form von Fett eingelagert wird. Fazit: Wir könnten ohne Fett in unserer Nahrung nicht leben, aber ein Zuviel davon macht uns und unsere Kinder krank. Beispielsweise kann sich Fett an den Wänden der Blutgefäße absetzen und somit langfristig zur Arterienverkalkung führen.

Der Körper braucht Fett: In Maßen ist es unbedenklich

Tagesbedarf (F)

Ein normalgewichtiges Kind sollte zwischen 30 und 35 Prozent seiner benötigten Energie aus Fetten beziehen. Soll das Gewicht des Kindes jedoch reduziert werden, ist hier der beste Ansatzpunkt: Bei einer leichten Reduzierung auf etwa 27 Prozent müsste es mit dem Abnehmen klappen.

Fett ≠ Fett!

Gesättigte Fettsäuren wenn möglich durch ungesättigte austauschen

Je nach Aufbau des Fettmoleküls wird unterschieden zwischen gesättigten, einfach ungesättigten und mehrfach ungesättigten Fettsäuren. Idealerweise sollte der Fettanteil Ihrer Nahrung aus möglichst vielen einfach sowie mehrfach ungesättigten Fettsäuren bestehen.
Einfach ungesättigte Fettsäuren befinden sich in Oliven- und Erdnussöl. Mehrfach ungesättigte Fettsäuren sind unter anderem in Leinöl, Rapsöl, Sojaöl, Distel- und Sonnenblumenöl enthalten. Mehr dazu finden Sie in Nährwert-Tabellen (siehe Seite 125).
Das leidige Problem mit dem Fett: Es ist häufig gut versteckt (»versteckte Fette«) – oder wussten Sie, dass in einer Bratwurst bzw. einer Tafel Schokolade jeweils 30 bis 50 Gramm Fett enthalten sind?

Eiweiße/Proteine

Proteine, also aus Aminosäuren aufgebaute Eiweißkörper, spielen in unserem Körper eine große Rolle als Baustoff – schließlich finden sich in jeder einzelnen Körperzelle zwischen 4000 und 5000 verschiedene Proteine.
Ihre Funktionen sind vielfältig: Immunproteine schützen den Körper vor fremden Zellen, Transportproteine im Blut gewährleisten die Versorgung der Organe, und auch beim Aufbau der Hormone spielen sie eine wichtige Rolle. Einige der Eiweiß-Bausteine, genauer gesagt neun Aminosäuren, kann der Körper nicht selbst herstellen. Diese so genannten essenziellen Aminosäuren muss Ihr Kind daher unbedingt über seine Nahrung aufnehmen.

Immunproteine mischen bei vielen Vorgängen im Körper mit

TIPP!

Biologische Wertigkeit von Eiweiß

Nahrungsmittel	Wertigkeit
Ei	100
Fisch	70–90
Fleisch	70–90
Milch	75
Kartoffeln	50–70
Cerealien, Brot	50–70
Bohnen, Linsen	40–50
Ei & Kartoffeln	136

Tagesbedarf (E)

Ihr Kind sollte knapp 15 Prozent seiner Gesamtenergie aus Eiweißen beziehen.

Was zählt, ist die Qualität

Proteine können in Form von pflanzlichem und tierischem Eiweiß aufgenommen werden. Gute pflanzliche Eiweißlieferanten sind Getreide, Hülsenfrüchte, Kartoffeln, Soja, Nüsse und Samen. Tierisches Eiweiß finden Sie vor allem in Milch und Milchprodukten, Eiern, Fisch und Fleisch. Da tierisches Eiweiß meist mit hohen Fettmengen einhergeht, sollten Sie pflanzliches Eiweiß generell bevorzugen.

In Kombination werden hochwertige Eiweiße noch wertvoller

Einige Proteine kann der Körper besser in Körpereiweiß umwandeln als andere, vor allem wenn verschiedene Proteine kombiniert werden. Man spricht dann auch von hoher biologischer Wertigkeit.

Um Ihr Kind mit möglichst hochwertigem Eiweiß zu versorgen, können neben Ei und Kartoffeln noch Milch und Getreide, Hülsenfrüchte und Getreide sowie Hülsenfrüchte und Samen kombiniert werden. Wichtig: Die erhöhte biologische Wertigkeit ist auch dann gegeben, wenn die Lebensmittel getrennt voneinander verzehrt werden. Zwischen den beiden Mahlzeiten sollten maximal vier Stunden liegen.

Wasser

Mithilfe von Wasser werden Nährstoffe und Abbauprodukte im Körper gelöst und können so leicht zu den Zellen bzw. zu den Ausscheidungsorganen transportiert werden. Zudem finden die meisten biochemischen Reaktionen im Körper in einem wässrigen Milieu statt. Daher verwundert es kaum, dass unser Körper zu 50 bis 70 Prozent (je nach Alter und Geschlecht) aus Wasser besteht. Deshalb kann ein Mensch zwar 30 Tage ohne Nahrung überleben, jedoch nur drei Tage ohne Flüssigkeit.

Trinkt Ihr Kind täglich etwa 1 Liter? Wenn nicht, sollten Sie ab nun darauf achten.

Tagesbedarf

Ihr Kind sollte jeden Tag etwa 1 Liter Flüssigkeit zu sich nehmen.

Ihr Kind nimmt Wasser allerdings nicht nur in Form von Getränken, optimalerweise von Mineralwasser zu sich, sondern auch als Bestandteil seiner festen Nahrung: Vor allem Obst, Gemüse und Kartoffeln sind gute Wasserlieferanten, da sie zu mehr als drei Vierteln aus Wasser bestehen.

Vitamine

Für ausreichende Vitaminzufuhr sorgen!

Vitamine sind lebensnotwendig und müssen dem Körper täglich neu zugeführt werden. Doch auch hier gilt, dass Vitamin nicht gleich Vitamin ist:
Die Vitamine A, D, E und K sind fettlöslich, das heißt, sie können vom Körper nur aufgenommen werden, wenn gleichzeitig etwas Fett zugeführt wird (z. B. Möhren mit Butterbrot). Diese fettlöslichen Vitamine können im Körper gespeichert werden.
Alle anderen Vitamine sind wasserlöslich und werden nicht gespeichert. Nimmt der Körper einmal zu viel davon auf, scheidet er die nicht benötigte Menge einfach wieder aus.

TIPP!

Vitamine sind licht- und wärmeempfindlich. Damit der Vitamingehalt von Lebensmitteln so weit wie möglich erhalten bleibt, sollten Sie folgende Regeln beherzigen:

- Frisches Obst und Gemüse immer kühl und lichtgeschützt aufbewahren und möglichst frisch essen – je länger die Lagerung dauert, desto geringer ist der Vitamingehalt.
- Bereiten Sie kleine Portionen und diese erst kurze Zeit vor dem Gebrauch zu – Obst und Gemüse, das klein geschnitten Licht und Luft ausgesetzt ist, verliert schnell einen großen Teil der Inhaltsstoffe.
- Die meisten Inhaltsstoffe bleiben bei schonenden Zubereitungsarten (z. B. dem Dünsten) erhalten.

So bleibt ein Maximum an Vitaminen erhalten

Mineralstoffe und Spurenelemente

Besonders für Kinder wichtig!

Mineralstoffe und Spurenelemente erfüllen lebenswichtige Aufgaben: Sie sind das Baumaterial für Knochen und Zähne, sie steuern Wasserhaushalt und Stoffwechsel und sind für die Funktionen von Nerven und Muskeln unentbehrlich. Kein Wunder also, dass sie für Kinder von größter Bedeutung sind!

Wichtige Vitamine und Mineralstoffe für Ihr Kind

Vitamine	Vorkommen	Funktion im Körper
A, Vorstufe Beta-carotin (fettlöslich)	grünes und gelbes Gemüse, Käse, Ei, Aprikosen, Leber, Innereien	Fördert die Sehkraft, Aufbau von Haut, Haaren, Zähnen, Abwehr freier Radikale
D (fettlöslich)	Milch, Eigelb, Pilze, Fleisch. Mithilfe von UV-Licht kann der Körper Vitamin D herstellen	Festigkeit für Knochen und Knorpel, Schutz vor Rachitis
E (fettlöslich)	pflanzliche Öle und Fette, Getreide, Nüsse, Hülsenfrüchte, Hering	Schützt Hormone und andere Vitamine, Zellschutz, Abwehr freier Radikale
K (fettlöslich)	grünes Gemüse, Leber. Wird auch im Dickdarm gebildet	Fördert die Blutgerinnung und Knochenbildung
B_1	Vollkorngetreide, Hülsenfrüchte, Kartoffeln, Schweinefleisch, Sonnenblumenkerne	Fördert das Wachstum, stabilisiert den Appetit, Energiegewinnung aus Kohlenhydraten
B_2	Milch, Milchprodukte, Ei, Trockenhefe, Leber, Sprossen	Wichtig für Eiweiß-, Fett- und Kohlenhydratstoffwechsel
B_{12}	Milch, Sauermilchprodukte, Ei, Käse, Fleisch, Fisch	Fördert Zellaufbau und Blutbildung
Niacin	Vollkorngetreide, Fleisch, Pilze, Hülsenfrüchte, Seefisch, Kartoffeln, Milch, Eier	Wichtig für Eiweiß-, Fett- und Kohlenhydratstoffwechsel
Folsäure	Gemüse, Leber, Hefe, Orangensaft	Für Blutbildung, Zellneubildung und -teilung
Biotin	Leber, Hefe, Eier, Nüsse, Sprossen, Soja, Vollkorngetreide	Eiweiß-, Fett- und Kohlenhydratstoffwechsel, gut für Haut und Haare
C	Gemüse, Obst	Verbessert die Eisenaufnahme, Bildung von Bindegewebe, Infektabwehr, beschleunigt die Wundheilung, Abwehr freier Radikale

Mineralstoffe	Vorkommen	Funktion im Körper
Kalzium	Milch, Milchprodukte Hülsenfrüchte, Sesam, Nüsse, grünes Blattgemüse	Aufbau von Knochen und Zähnen, Blutgerinnung, Erregbarkeit von Muskeln und Nerven
Kalium	Kartoffeln, Gemüse, Obst, Hülsenfrüchte, Vollkorngetreide, Nüsse und Samen	Aufrechterhaltung des Flüssigkeitshaushalts, fördert Erregbarkeit von Muskeln und Nerven
Magnesium	Vollkorngetreide, Reis, Gemüse, Hülsenfrüchte, Fleisch, Fisch, Kartoffeln, Nüsse, Samen	Aufbau von Knochen und Sehnen, Muskelaktivität
Phosphor	Milch, Milchprodukte, Fleisch, Wurst, Getreide, Nüsse, Hefe	Bestandteil von Knochen und Zähnen, Energiebereitstellung, Nerventätigkeit

Spurenelemente	Vorkommen	Funktion im Körper
Eisen	Fleisch, Innereien, Hülsenfrüchte, Vollkorngetreide, Gartenkräuter	Fördert Blutbildung, Sauerstofftransport im Blut, Immunreaktion
Fluor	Fisch, Fleisch, Innereien, Fluorsalz, Zahnpasta	Schutz vor Karies, gut für Knochenwachstum
Jod	Seefisch, jodiertes Salz, Milch, Milchprodukte	Bildung des Schilddrüsenhormons
Selen	Fisch, Fleisch, Soja, Ei, Vollkorngetreide	Bildung von Enzymen, antioxidativer Schutz
Zink	Fisch, Fleisch, Milch, Käse, Milchprodukte, Vollkorngetreide, Nüsse, Samen, Ei	Fördert Wachstum, Immunabwehr und Wundheilung

Sekundäre Pflanzenstoffe

Die bioaktiven Substanzen wirken sich positiv auf die Gesundheit aus

Pflanzen produzieren sekundäre Pflanzenstoffe als Schutz gegen Schädlinge. Sie sind in Obst und Gemüse reichlich enthalten und haben verschiedene gesundheitsfördernde Wirkungen für Ihr Kind. Die drei wichtigsten sekundären Pflanzenstoffgruppen Phythosterine, Flavonoide und Carotinoide senken unter anderem den Blutfettspiegel, vermindern das Krebsrisiko und wirken entzündungshemmend. Andere sekundäre Pflanzenstoffe können antimikrobiell oder blutdruckregulierend wirken und Thrombosen vorbeugen. Nutzen Sie diese Effekte, indem Sie Ihrem Kind fünfmal am Tag Obst und Gemüse anbieten.

Tagesbedarf

Für die sekundären Pflanzenstoffe gibt es keine exakten Zufuhrempfehlungen. Wenn Ihr Kind jedoch viel Obst und Gemüse isst, ist die ausreichende Zufuhr auf jeden Fall gesichert.

Ballaststoffe

Ballaststoffe sind unverdauliche Bestandteile pflanzlicher Nahrungsmittel, also beispielsweise Fasern, Schalen oder Zellwände.

Tagesbedarf

Die optimale Zufuhr an Ballaststoffen hängt vom Geschlecht und Alter Ihres Kindes ab.

Alter (J.)	Mädchen	Jungen
4–7	14 g	15 g
7–10	17 g	19 g
10–13	20 g	23 g

Sie regen bereits bei der Nahrungsaufnahme dazu an, die Nahrung länger zu kauen. Im Darm quellen sie auf und vergrößern damit die Nahrungsmenge, ohne jedoch Extra-Energie zu liefern. In der Folge machen sie Ihr Kind schneller satt und fördern eine gesunde Verdauung. Um entsprechend aufquellen zu können, benötigen Ballaststoffe viel Flüssigkeit. Daher ist es wichtig, dass Ihr Kind parallel zur Aufnahme ballaststoffreicher Nahrung viel trinkt. Unser Tipp: Da bei Obst und Gemüse ein Großteil der Ballaststoffe in der Schale sitzt, sollte es, wenn möglich, ungeschält gegessen werden.

Positiver Ballast, der beim Abnehmen hilft

Zusatzstoffe

Unter Zusatzstoffen versteht man all jene chemischen Verbindungen, die bei Lebensmitteln

Davon möglichst wenig

Sie können die Zufuhr an Zusatzstoffen auf einfache Weise gering halten, indem Sie Fertigprodukte nur ausnahmsweise verwenden oder ganz weglassen.

Farbstoffe, Konservierungsstoffe, Geschmacksverstärker & Co. ...

bestimmte Eigenschaften erzeugen sollen. Farbstoffe, Konservierungsstoffe, Dickungsmittel, Emulgatoren sowie Antioxidationsmittel, die für eine verlängerte Haltbarkeit sorgen, werden den Nahrungsmitteln deshalb während der Produktion zugesetzt.

... können Allergien auslösen

Zusatzstoffe müssen nur teilweise auf der Verpackung angegeben werden. Ob sie für Ihr Kind unbedenklich sind, können Sie entsprechenden Listen der Verbraucherzentralen entnehmen. Diese sogenannten »E-Listen« sind besonders wichtig, wenn Ihr Kind auf bestimmte Substanzen empfindlich oder allergisch reagiert.
Problematisch ist in der Regel nicht ein einzelner Zusatzstoff, sondern der bei vielen Produkten heute übliche Mix von Zusatzstoffen, dessen Auswirkungen auf den kindlichen Organismus bisher noch in keinster Weise geklärt sind.

Sind Tabletten nötig?

Nahrungsergänzungsmittel – besser vorher den Kinderarzt fragen

Machen Sie sich auch Gedanken darüber, ob Ihr Kind mit der täglichen Nahrung alle für seine gesunde Entwicklung benötigten Nährstoffe erhält? Wir können Sie beruhigen: Wenn Sie Ihre Familie und sich ausgewogen und abwechslungsreich ernähren, wie wir es auf den Seiten 41 bis 63 erklären, haben Mangelerscheinungen eigentlich keine Chance. Zusätzliche Vitamin- oder Mineralstoff-Tabletten sind fast immer unnötig, kosten viel Geld und können den empfindlichen Stoffwechsel Ihres Kindes sogar leicht durcheinander bringen.

Sollten Sie sich dennoch unsicher sein, fragen Sie Ihren Kinderarzt. Er kann feststellen, ob es bei Ihrem Kind Anzeichen für das Fehlen einzelner Nährstoffe gibt. Und selbst wenn das der Fall sein sollte, reichen oftmals schon kleine Veränderungen der Ernährungsweise aus, um den Mangel zu beheben. In extremen Fällen und Ausnahmefällen kann schließlich auch ganz gezielt der fehlende Nährstoff per Tabletten zugeführt werden.

Auch auf die Menge kommt es an!

Gesunde Ernährung bedeutet unter anderem, dass die Qualität der Nahrungsmittel, ihre Zusammensetzung und Zubereitung stimmen muss. Es heißt aber auch, dass Sie die Nahrung für Ihr Kind in entsprechenden, auf Alter und Größe ausgelegten Mengen zusammenstellen sollten. Denn nur wenn Ihr Kind die Kalorienmenge zu sich nimmt, die es schließlich auch verbraucht, kann es sein Gewicht halten.

Empfehlungen

Die Deutsche Gesellschaft für Ernährung empfiehlt im Kindes- und Jugendalter die Kilokalorienmengen, wie sie im Kasten unten zu finden sind.

Kalorienzählen ist »out«

Doch klar ist, dass Kalorienzählen nicht nur mühsam ist, sondern oftmals auch den Blick auf das Wesentliche verstellt: eine sinnvoll zusammengesetzte Nahrung. Eine ausgewogene Mischkost, wie sie hier im Buch empfohlen wird, macht Ihr Kind satt und schmeckt obendrein noch – ohne dass dabei zu viele Kalorien aufs »Konto« kommen.

Energiebedarf pro Tag in kcal

Alter (J.)	Mädchen	Jungen
4–7	1400	1500
7–10	1700	1900
10–13	2000	2300

Ausgewogene Mischkost mit viel frischem Obst und Gemüse.

TIPP!

Sie können eigentlich nichts falsch machen, wenn Sie sich an folgende Faustformel halten: Die kindgerechte Nahrung besteht im Wesentlichen aus Kohlenhydraten, Fetten und Eiweißen, die im Verhältnis 55 : 30 : 15 miteinander kombiniert werden sollten (siehe auch Seite 30 ff.).
Zusätzlich sollten Sie darauf achten, dass Ihr Kind genügend trinkt und mit seiner Nahrung ausreichend Vitamine, Spurenelemente, Mineral- und Ballaststoffe zu sich nimmt.

Ab jetzt das Richtige essen!

Kalorienzählen und Crashdiäten sind durchschaut und damit out! Stattdessen lautet das Motto für die Änderung des Ernährungsverhaltens: »Nicht weniger, sondern das Richtige essen«. Der Vorteil ist, dass Ihr Kind dabei weder hungern noch sich jeden Bissen in den Mund zählen wird.

Hier wird nicht gehungert!

Die Ernährungspyramide

Erinnern Sie sich noch an das Ampel-Leitsystem, das Ihnen grünes Licht für bestimmte Lebensmittel gab, während andere mit einem klaren »Stopp« versehen waren? Vielleicht kennen Sie aber auch die Ernährungspyramide der Deutschen Gesellschaft für Ernährung, die inhaltlich mit dem Ampel-System übereinstimmt, Ihnen aber zusätzlich zeigt, von welchen Lebensmitteln Ihr Kind wie viel essen sollte. Und eben darauf bauen unsere Vorschläge für die Ernährungsumstellung auf:

Pyramide und Ampel-Leitsystem ergänzen sich

Wir stellen Ihnen zu jeder Stufe der Ernährungspyramide gesunde und kalorienbewusste Alternativen zur herkömmlichen Kost vor und wollen anschließend mit Rezepten und Ideen Appetit auf Gesundes machen.

Die jeweils genannten Empfehlungen müssen zwar nicht jeden Tag streng eingehalten werden, doch im Wochendurchschnitt sollte Ihr Kind die angegebenen Werte dann doch erreichen.

Ernährungsprotokoll

Erleichtert den Über- und Durchblick

Fehlt Ihnen der Überblick, was und wie viel Ihr Kind jeden Tag isst und ob die Zusammensetzung der Nahrung den Empfehlungen gerecht wird? Führen Sie sieben Tage hintereinander ein Ernährungsprotokoll, in das Sie und Ihr Kind alles eintragen, was es isst und trinkt. Wichtig: Kleine Naschereien zwischendurch nicht vergessen!

Ab jetzt das Richtige essen!

Nutzen Sie diese Kopiervorlage und führen Sie über eine Woche Protokoll

Ernährungs-Tagesprotokoll von .... , den ....
(Wochentag) (Datum)

	Infos rund um die Mahlzeiten			*Das habe ich während des Essens gemacht*	*So habe ich mich dabei gefühlt*
	Wann?	*Was und wie viel?*	*Wie lange?*		
Frühstück					
Zwischendurch vormittags					
Mittagessen					
Zwischendurch nachmittags					
Abendessen					
Später					

Ran an die Basis: Getreideprodukte, Kartoffeln und Reis

Das Fundament der Ernährungspyramide

Getreideprodukte, Kartoffeln und Reis bilden den Unterbau der Ernährungspyramide. Wenn Ihr Kind sich gern von diesen Produkten ernährt, schlägt es gleich mehrere Fliegen mit einer Klappe: Es nimmt neben komplexen Kohlenhydraten auch noch sättigende Ballaststoffe, Vitamine, Mineralstoffe und Spurenelemente sowie pflanzliches Eiweiß zu sich.

Etwa 40 Prozent unserer Nahrungsenergie sollten aus der Pyramidenbasis kommen. Die Auswahl für Sie und Ihr Kind ist riesengroß: Hafer, Roggen, Gerste, Mais, Bulgur, Hirse, Kartoffeln und Reis in allen erdenklichen Formen (als Brot, Flocken, Flakes, Nudeln oder Frischkorn) können Sie auf die Einkaufsliste setzen.

Vollkorn-Produkte sollten die erste Wahl sein

- Wählen Sie möglichst stets die ballaststoff- und nährstoffreichste Vollkornvariante.
- Vorsicht ist geboten: Häufig werden Weißmehlbrötchen für den trendigen Vollkorn-Touch mit einigen Körnern bestreut. Fragen Sie bei Ihrem Bäcker doch einmal nach dem genauen Vollkornanteil – je höher er liegt, umso besser.
- Zu Nudeln gibt es fast immer Sauce: Achten Sie darauf, dass diese nicht zu fett ist. Als Faustregel gilt: Fertige Saucen und Sahnesaucen enthalten meist viel Fett, Tomaten- oder Gemüsesaucen eher weniger.

Saucen und Füllungen wenn möglich fettarm halten

- Bei gefüllten Nudeln wie Cannelloni oder Tortellini entscheidet die Füllung, wie kalorienreich die Mahlzeit wird. Ziehen Sie Gemüse- und Kräuterfüllungen den Varianten mit Käse oder Schinken vor.
- Isst Ihr Kind gern mit Käse Überbackene? Dann verwenden Sie statt Käsescheiben geriebenen Käse, da er sich sparsamer verteilen lässt. Achten Sie aber auch hier auf die Käsesorte und den zugehörigen Fettgehalt.
- Müsli ist nicht gleich Müsli: Bei gekauften Müslis kann der Fett- und Kaloriengehalt stark variieren. Angaben dazu finden Sie normalerweise auf der Verpackung. Beachten Sie, dass vor allem die beliebten Schoko- und Knuspermüslis meist stark gezuckert sind.

Kleine Ausrutscher von Zeit zu Zeit sind erlaubt

- Ab und an darf auch gesündigt werden! Damit sich die sündigen Kalorien in Grenzen halten, sollten Sie die Kartoffelpuffer und Bratkartoffeln in einer beschichteten Pfanne braten. Pommes können im Ofen gebacken werden statt in der Friteuse. Das spart Fett.

Pro-Tag-Ration

Ihr Kind braucht aus der Grundstufe der Pyramide (Getreideprodukte, Kartoffeln und Reis) täglich etwa

- 4 bis 5 Scheiben Brot, was ca. 200 Gramm entspricht und
- 1 Portion Reis oder Nudeln (je ca. 50 Gramm) oder 150 Gramm Kartoffeln (alles roh).

Tauschgeschäfte sind erlaubt

Dabei kann Ihr Kind das Brot natürlich auch gegen Haferflocken oder Müsli eintauschen. In der Tabelle unten finden Sie gesunde Alternativen zu den meistverwendeten Lebensmitteln der ersten Pyramidenstufe.

Müsli: besser nicht »von der Stange«

Fertig gemixte Müslis sind oftmals fett- und kalorienreich, da sie mit Zucker und Schokolade versüßt wurden. Gibt es vielleicht die eine oder andere Müslizutat (z. B. Bananenchips oder Kokosraspel), die Ihr Kind besonders mag? Dann bieten Sie ihm doch einmal ein Mehr-Komponenten-Müsli an – natürlich inklusive seiner Favoriten. Stellen Sie außerdem ausreichend Hafer-, Roggen-, Gersten- und Hirseflocken, Vollkorn-Flakes, Nüsse und verschiedene Trockenfrüchte bereit. Alternativ zu den Trockenfrüchten können Sie morgens aber auch ein Stück frisches Obst ins Müsli schneiden – für mehr Süße und eine Extra-Portion Vitamine.

Müsli-Buffet: Für jeden Geschmack ist etwas dabei

So ein Müslibuffet ist im Handumdrehen aufgetischt und eignet sich ideal für Familien: Jedes Mitglied kann sich so sein Spezial-Müsli morgens selbst zusammenmischen.

Gesunde Alternativen

Statt	Besser
Weißbrot	Vollkornbrot
Toastbrot	Vollkorntoast
Cornflakes	Vollkorn-Flakes
gezuckertes Müsli	ungezuckertes Müsli
Schokomüsli	Früchtemüsli
Nudeln	Vollkorn-Nudeln
weißer Reis	Naturreis
Pommes aus der Fritteuse	Backofen-Pommes
Bratkartoffeln	Pellkartoffeln
Kartoffelpuffer	Kartoffelbrei ohne Butter, Gnocchi, Schupfnudeln

Tipps für den Vollkorn-Wechsel

- Bunt gefärbte Vollkornnudeln können den Einstieg ins Vollkorn-Zeitalter erleichtern: Bei den mit Spinat gefärbten grünen oder den mit Möhren gefärbten gelben Nudeln fällt die leichte Vollkorn-Braunfärbung nicht so sehr auf.
- Die Mischung macht's: Steigern Sie den Vollkornanteil der Portion langsam. Mogeln Sie zu Beginn nur eine Hand voll Vollkornnudeln unter die Weißmehlnudeln, Wenn's klappt, erhöhen Sie den Anteil von Mal zu Mal etwas.
- »Mmm ... Sauce«: Nutzen Sie die Tatsache, dass Kinder leckere Tomatensauce zu Nudeln lieben. Mischen Sie die Sauce bereits vor dem Servieren unter die Nudeln – die Vollkornnudeln können jetzt kaum noch enttarnt werden. Der Trick funktioniert übrigens auch prima mit Naturreis!

Schritt für Schritt in Richtung Vollkorn – kleine Tricks sind erlaubt

Obst und Gemüse: »5 am Tag« sind optimal!

Obst und Gemüse sind einfach unschlagbar gesund

Die zweite Stufe der Ernährungspyramide bilden Obst und Gemüse. Zusammen sollten sie etwa 35 Prozent der kindlichen Ernährung ausmachen. Dadurch ist gewährleistet, dass Ihr Kind ausreichend mit Vitaminen, Mineral- und Ballaststoffen versorgt wird. Man weiß heute sogar, dass reichlich Obst und Gemüse das Risiko, im Erwachsenenalter an Krebs zu erkranken, verringern. Ob das an den sekundären Pflanzenstoffen oder am Vitalstoffmix liegt, ist noch ungeklärt. Und last but not least: Die leckeren Vitaminbomben sind mit Ausnahme von Oliven und Avocados fast fettfrei!

Sorgen Sie für Abwechslung!

Auch für Obst und Gemüse gilt: Abwechslung ist Trumpf. Bieten Sie Ihrem Kind neben den geläufigen Gemüse-Klassikern wie Gurke, Tomate, Spinat und Blumenkohl doch auch einmal Fenchel, Kohlrabi, Kürbis oder Schwarzwurzeln an.

Exoten bringen Abwechslung in den Obstalltag

Beim Obst ist die Auswahl durch die vielen Importe fast noch reichhaltiger. Egal, ob bekannte Beerenfrüchte wie Erdbeeren, Johannis- oder Holunderbeeren oder Exoten aus fernen Ländern: Wenn Sie einige Sorten geschickt und fantasievoll präsentieren, wird Ihr Kind so manches neue Lieblingsobst entdecken.

Mit allen Sinnen entdecken

Schnuppern, Tasten, Schmecken: Gemeinsam neue Sorten probieren

Abwechslung ist gut für alle Sinne: Wer weiß schließlich schon, wie Karambole, Granatäpfel oder Papayas schmecken, riechen und sich anfühlen. Gehen Sie gemeinsam auf den Markt oder in einen großen Supermarkt und lassen Sie sich von der bunten Vielfalt verführen. Riechen Sie an Obst und Gemüse, und lassen Sie Ihr Kind entscheiden, welche Sorten es gern probieren möchte. Vielleicht macht ja auch die ungewöhnliche Form z. B. einer Sternfrucht Lust darauf, diese zu probieren.

Sie werden feststellen, dass exotische Früchte zwar sehr lecker, aber auch sehr teuer sind. Das Gleiche gilt für Früchte, die außerhalb ihrer heimischen Erntesaison als Importware angeboten werden.

Natürlich ist es optimal, im Rhythmus der Jahreszeiten zu leben. Doch wenn Ihr Kind Birnen über alles liebt, wird es Ihnen schwer fallen, ihm diese in der Nicht-Birnen-Zeit vorzuenthalten, zumal Birnen das ganze Jahr über in den Geschäften angeboten werden.

Pro-Tag-Ration

Die »5 am Tag« sind reine Übungssache.

Bei Gemüse und Obst ist die Formel einfach: »5 am Tag« heißt hier das Motto. Ihr Kind sollte also fünf Portionen Gemüse und Obst über den Tag verteilt essen, am besten dreimal Gemüse und zweimal Obst. Dabei entspricht eine Kinder-Portion jeweils einer Kinderhand voll. Fünf Portionen ergeben im Durchschnitt zwischen 450 und 500 Gramm.

Zur Sicherheit hier noch einige Beispiele für Kinderportionen:

- 1 Apfel
- 1 Banane
- 2 kleine oder 1 große Tomate
- 1 kleiner Zucchino
- 1 kleiner Kohlrabi
- 5–6 Radieschen

Gesunde Alternativen

STATT	BESSER
Dosenware	frisches Obst und Gemüse
geschältes Obst und Gemüse	Obst und Gemüse wenn möglich mit Schale
Obst und Gemüse im Voraus zubereiten	Obst und Gemüse frisch zubereiten
Süßen mit Zucker	Süßen mit Trockenfrüchten oder Obstsaft
Brotaufstrich	Gemüsebelag auf dem Brot

Da Sie bei Obst und Gemüse, die Sie in der zweiten Stufe der Pyramide finden, kaum etwas falsch machen können, fällt unsere Austausch-Tabelle oben ziemlich kurz aus.

Tipps für eingefleischte Gemüsemuffel

Übung macht den Gemüse-Meister

- **Sind 5 am Tag** Ihrem Kind einfach zu viel? Dann beginnen Sie mit 1–2 Portionen täglich und steigern langsam. Vielleicht beschleunigen unsere Obst- und Gemüseideen ja das Tempo des Gemüsefortschritts!
- **Power-Sandwiches**, also Vollkornbrot mit Obst oder Gemüse belegt, eignen sich prima als Schulbrot. Bananenbrot ist normalerweise sehr beliebt, weil es leicht süß schmeckt. Dafür 2 Scheiben Vollkornbrot dünn mit Magerquark oder Joghurt bestreichen. Eine davon mit 1 in Scheiben geschnittenen Banane belegen. Die restliche Scheibe Brot auflegen – fertig. Die Banane kann nach Belieben durch Tomate, Gurke oder Zucchini ersetzt werden.

Obst und Gemüse einmal anders anbieten

- **Bunte Spieße** machen Lust auf Gemüse und Obst! Dafür alle Obst- und Gemüsesorten, die Kühlschrank und Garten hergeben, in mundgerechte Stücke schneiden und auf Schaschlikspieße aufpieksen. Für gehaltvollere Gemüsespieße können zusätzlich noch Vollkornbrot-Würfel oder kleine gekochte Kartoffeln aufgespießt werden. Dazu schmeckt eine frische Gemüsesauce dann besonders lecker!
- **In der Gemüsesauce** fällt Gemüse als solches kaum auf! Tauschen Sie deshalb die klassische rote Tomatensauce doch einmal gegen eine leckere, frisch hergestellte »Gemüsesauce« aus Tomaten, Möhren, Paprika und Zwiebeln.

Dips und Fingerfood jeder Art kommen bei Kindern gut an

● **Ein Fingerdip** mit Gemüsestäbchen macht sehr wenig Arbeit und lädt einfach jeden zum Zugreifen ein! Dafür Magerquark mit etwas Milch glatt rühren und mit Pfeffer, wenig Salz und vielen frischen, klein gehackten Kräutern verfeinern. Feste Gemüsesorten in Stäbchenform schneiden – und schon ist der Fingerdip fertig. Ebenso leicht geht's mit Obst: Hierzu wird fettarmer Joghurt oder Quark mit etwas Milch verrührt und nach Belieben mit Zimt gewürzt.
Beliebige feste Obstsorten vorbereiten und ebenfalls in Stäbchenform bringen.
Mit den Fingern essen macht übrigens nicht nur Kindern besonders viel Spaß, probieren Sie es doch einmal aus!

Gemüsepäckchen: Kombinieren und probieren Sie nach Belieben.

● **Gemüsepäckchen** präsentieren Gemüse einmal etwas anders! Dafür 1 Portion Gemüse putzen und in mundgerechte Stücke schneiden. Tolle Kombinationen sind Tomaten mit Zucchini oder Paprika mit Champignons. 1 großes Stück Alufolie mit etwas Öl einpinseln und das Gemüse darauf legen. Mit Pfeffer und wenig Salz würzen und nach Belieben mit frischen Kräutern bestreuen. Das Gemüse locker in die Alufolie einschlagen, so dass ein Päckchen entsteht. Im vorgeheizten Ofen bei 200° in 20 bis 30 Minuten garen.

Tipps für hartnäckige Obstmuffel

Gesichter und Figuren aus Obst sind bei Kindern besonders beliebt

● **Ein bunter Teller** mit mehreren Obstsorten kommt immer an: Dafür Obst frisch vorbereiten und auf einem Teller hübsch anrichten. Sie können den Obstteller auch als Naschteller anbieten: Dafür das Obst mit einigen Beeren, Trockenfrüchten, etwas Zitronenmelisse und Nüssen garnieren. Nach Belieben 1 Becher Magerjoghurt mit Zimt verrühren und als Dip reichen.

● **Eine Obst-Schichtspeise** erweicht auch härteste Obstmuffel! Dafür 5–6 Erdbeeren, 1 reife Birne und 1 Banane in Scheiben schneiden und den Boden einer kleinen Glasschale mit einem Drittel der Fruchtstücke auslegen. 1–2 Butterkekse zerbröseln

TK-Ware wird erntefrisch eingefroren – eine gute Alternative

Tiefkühlware

Sie müssen nicht täglich frisches Obst und Gemüse kaufen. Nutzen Sie das große Angebot an Tiefkühlware, dessen Qualität meist sehr gut ist. Obst und Gemüse gibt es sowohl sortenrein als auch in bunten Mischungen zu kaufen. Wichtig: Es sollte nur Obst oder Gemüse enthalten sein und keine Sauce, Margarine oder Butter.

und darauf verteilen. 100 g Magerquark mit etwas Milch verrühren und eine dünne Schicht darauf streichen. Fortfahren, bis Obst, Kekse und Quark aufgebraucht sind. 45 Minuten kalt stellen und mit Zitronenmelisse garniert servieren.

- **Süße Hauptspeisen** sind ideal für »süße Kinder«: Für Milchnudeln werden Nudeln in wenig fettarmer Milch gar gekocht und mit einem frisch zubereiteten Obstsalat serviert.
- **Hübsch ausgestochen** finden Kinder sogar einen »langweiligen« Apfel oder Kohlrabi begehrenswert! Schneiden Sie das Obst dazu in Scheiben und stechen Sie mit Plätzchenformen Motive aus.
- **Fruchtpüree** kann gut zum Renner bei Kindern werden! Dafür das Obst schälen und das Fruchtfleisch mit dem Pürierstab fein zerkleinern – schon ist das Obstpüree fertig. Damit das bunte Püree optimal zur Geltung kommt, zuerst einen flachen Teller mit fettarmem Joghurt bestreichen und das Püree hübsch darauf verteilen. Könner zaubern mit dem Strohhalm zusätzlich noch Muster hinein.
- **Powerdrinks**, also selbst gemachte Shakes, schmecken toll und liefern neben vielen Vitaminen und sekundären Pflanzenstoffen auch Kalzium für den Knochenbau. Mixen Sie fettarme Milch oder Buttermilch mit Bananen oder Beerenfrüchten.
- **Für unbelehrbare Muffel:** Auch 1 Glas Frucht- oder Gemüsesaft zählt bereits als eine Portion. Wenn Ihr Kind also in der Pause einen kleinen Apfelsaft und zum Abendbrot ein Glas Möhrensaft trinkt, hat es dadurch bereits zwei Portionen »geschafft«.

Obst- und Gemüsesäfte zählen bei der »5-am-Tag«-Bilanz auch

Milch und Milchprodukte

Milch und Milchprodukte gehören in die dritte Stufe der Ernährungspyramide und sollten 10–15 Prozent der Nahrung Ihres Kindes abdecken.
Zu den Milchprodukten gehören beispielsweise Joghurt, Quark,

Buttermilch und Käse, die Ihr Kind vor allem mit jeder Menge Eiweiß sowie dem wichtigen Kalzium versorgen.

Vorsicht Fettfallen!

Bei dieser Lebensmittelgruppe sollten Sie wenn möglich den fettarmen Varianten den Vorzug geben. Besonders Käse kann zu einer echten »Fettfalle« werden. Vorsicht auch bei Fruchtjoghurts und Quarkspeisen: Sie enthalten häufig viel Fett und reichlich Zucker.

Pro-Tag-Ration

Ihr Kind benötigt aus diesem Teil der Pyramide täglich etwa

- 400 ml fettarme Milch oder
- 120 Gramm fettarmen Käse
- oder 400 ml Buttermilch, Dickmilch, Kefir, Joghurt oder Quark.

Fast alle Kinder trinken gern Milch und essen milden Käse, Joghurt oder Quark. Jetzt müssen Sie nur noch darauf achten, Ihrem Kind die fettärmeren Alternativen anzubieten.

Energie zum Trinken

Es muss nicht immer Milch sein! Bieten Sie Ihrem Kind Molke oder Buttermilch an, wobei sich Molke auch prima mit Fruchtsaft mischen lässt – dann fällt die ungewohnte gelblich-wässrige Farbe nicht mehr auf. Bei Buttermilch sollten Sie eine Marke ohne Butterflocken wählen. Verzichten Sie auf gesüßte Molke- und Buttermilchprodukte, die fast immer wahre Zuckerfallen sind.

Geben Sie selbst gemixten Energiedrinks auf jeden Fall den Vorzug

Fleisch, Fisch, Eier und Nüsse

Fleisch, Fisch, Eier und Nüsse gehören ebenfalls in die 3. Stufe der Ernährungspyramide und sollten 5–10 Prozent der täglichen Nahrung Ihres Kindes ausmachen. Diese Lebensmittelgruppe ist wichtig, liefert sie doch neben dem tierischen Eiweiß unter anderem auch Vitamin D, Eisen und Jod.

Weniger Fett bedeutet in diesem Fall auch gesünder

Gesunde Alternativen

Statt	Besser
Vollmilch in Mengen	fettarme Milch in Maßen
Joghurt mit 3,5 % Fett, Sahnejoghurt	Joghurt mit 1,5 % Fett
gesüßter Fruchtjoghurt	Naturjoghurt mit frischen Früchten
Sahnequark	Magerquark
Käse über 35 % Fett i. Tr.	Käse unter 35 % Fett i. Tr.

Hier lohnt es sich ganz besonders, nach fettarmen Alternativen zu suchen

Gesunde Alternativen

Statt	Besser
dicken Wurstscheiben	dünne Wurstscheiben
Schinkenspeck	Schinken ohne Speckrand
Salami, Leberwurst, Mettwurst, Leberkäse	Geflügelwurst, Lachsschinken, Truthahnbrust, Putenbrust
gemischtes Hackfleisch	Rinder-Hackfleisch, Puten-Hackfleisch
Eisbein	Steak, Filet
Fettfische, z. B. Lachs, Hering, Thunfisch	Magerfische, z. B. Rotbarsch, Kabeljau, Scholle, Seelachs
Fischstäbchen aus der Pfanne	Fischstäbchen aus dem Ofen
Spiegelei	gekochtes Ei
Mayonnaise	Joghurt-Dressing

Da Fleisch und Fisch nicht jeden Tag auf dem Speiseplan stehen sollten, bezieht sich hier die Portionsempfehlung ausnahmsweise auf eine Woche.

All diese tierischen Lebensmittel können – je nach Zubereitung – viel Fett und Cholesterin enthalten. Halten Sie deswegen die Augen nach versteckten Fetten offen! Bei Wurst ist die Auswahl heute glücklicherweise auch bei den mageren Varianten so groß, dass Sie ohne große geschmackliche Abstriche problemlos ausweichen können.

Magere Varianten im Angebot

Pro-Woche-Ration

Die empfohlene Wochenportion für Ihr Kind liegt bei Fleisch, Fisch und Eiern bei etwa

- 300–350 Gramm Wurst und Fleisch sowie
- 150 Gramm Fisch und
- 2–3 Eiern.

Achtung: Vergessen Sie beim Eier-Zählen nicht diejenigen Eier, die in Kuchen, Aufläufen, Puddings und Eierspeisen gut versteckt sind!

TIPP!

Wenn es um Fisch geht, kann es von Zeit zu Zeit auch eine der fettreichen Sorten sein, denn sie enthalten besonders viele der wertvollen mehrfach ungesättigten Fettsäuren (z. B. Omega-3-Fettsäuren), die für die Entwicklung Ihres Kindes besonders wichtig sind.

Garmethoden – die Zubereitung macht's

Selbst fettarme Lebensmittel wie Gemüse oder mageres Fleisch werden durch eine ungünstige Zubereitung leicht zu Fettmachern statt Fitmachern.

Hier lässt sich richtig Fett einsparen!

Mit den folgenden Tipps können Sie im wahrsten Sinne des Wortes »Ihr Fett wegkriegen«.

● **Zum Braten** sollten Sie eine beschichtete Pfanne benutzen, dann können Sie das Bratfett auf 1–2 Teelöffel reduzieren. Wird Hackfleisch angebraten, ist kein zusätzliches Fett nötig.

● **Dünsten** ist das Garen von Gemüse und Fisch im eigenen Saft ohne Zugabe von Fett – und daher die Diät-Garmethode schlechthin. Sie ist vor allem für Fisch und Gemüse geeignet.

Grillen: viel Geschmack bei wenig Kalorien

● **Grillen** ist ein prima Fettsparer, wenn Sie das Grillgut nicht gerade in Öl marinieren! Legen Sie unter Ihr Grillgut Alufolie bzw. Aluschalen – so können Sie verhindern, dass etwas anbrennt. Achtung: Gepökelte Waren wie Schinken oder Wiener Würstchen sind für das Grillen nicht geeignet, da sich aus dem im Pökelsalz enthaltenen Nitrit beim Grillen krebserregende Nitrosamine entwickeln können.

● **Beim Kochen** von Gemüse darauf achten, dass es nicht zerkocht und noch Biss hat – so bleiben möglichst viele Vitamine erhalten. Für mehr Geschmack können Sie das Gemüse statt in Wasser in Gemüsebrühe garen. Fleisch immer erst in das kochende Wasser einlegen – dadurch schließen sich die Poren schneller, und es bleibt schön saftig.

Zerkochtes Gemüse schmeckt nicht – also immer bissfest garen!

● **Beim Schmoren** wird das Gargut zuerst mit wenig Fett in der Pfanne angebraten und anschließend in einem Bräter oder Römertopf im Backofen fertig gegart. Das Fett setzt sich dabei ab und kann vor dem Servieren bzw. Weiterverarbeiten abgeschöpft werden.

Panieren

Panaden saugen sich leicht mit Fett voll und sind daher wahre »Fettmonster«. Falls Ihr Kind ab und zu gar nicht darauf verzichten will, können Sie zumindest etwas Fett sparen, indem Sie

● panierte Lebensmittel im Ofen statt in der Pfanne zubereiten,

● eine beschichtete Pfanne verwenden, bei der Sie mit weniger Fett auskommen,

● die panierten Lebensmittel vor dem Servieren auf Küchenpapier abtropfen lassen.

»Magere« Paniertipps

Gesunde Alternativen

Statt	Besser
Schmalz und Butter	Magerquark
Speck, Brat- und Frittierfett	Sonnenblumenöl, Maiskeim- und Rapsöl, Distel- und Weizenkeimöl, Olivenöl

Fette und Öle – in Maßen gesund

Klar: Fett macht dick! Dennoch sind Fette und Öle wichtige Bestandteile unserer Nahrung, vor allem wenn sie uns wie Olivenöl, Distelöl, Lein- und Sojaöl mit einfach und mehrfach ungesättigten Fettsäuren versorgen. Wichtig ist es, Ihr Kind mit einer angemessenen Menge an wertvollen Fetten zu versorgen. Wählen Sie deshalb stets Öle, die einen hohen Anteil an einfach und mehrfach ungesättigten Ölen haben (siehe auch Seite 32).

Geben Sie einfach und mehrfach ungesättigten Ölen den Vorzug

Gesund und ausgewogen ernährt, auch ohne Fleisch

Mein Kind ist Vegetarier!

Ihr Kind mag weder Fisch noch Fleisch, liebt dafür aber Süßes, Chips & Co. umso mehr? Sie machen sich schon lange Sorgen, ob Ihr Kind auf diese Weise ausreichend mit Nährstoffen versorgt wird? Die Lösung: Bieten Sie möglichst viele Vollkornprodukte, Hülsenfrüchte, viel Obst und Gemüse an. Wenn Ihr Kind zudem Milch, Milchprodukte und Eier mag, können Sie beruhigt sein, denn dann ist zumindest der Eiweiß- und Kalziumbedarf gedeckt. Um eine ausreichende Versorgung mit Jod zu gewährleisten (in Fisch enthalten), sollten Sie unbedingt jodiertes Speisesalz verwenden.

Pro-Tag-Ration

Ihr Kind benötigt täglich etwa 30 Gramm Fette und Öle.

Sparen leicht gemacht

Fette und Öle lassen sich bereits durch kleine Veränderungen des Ernährungsverhaltens leicht einsparen:

- Verzichten Sie auf Streichfett auf dem Brot, oder verwenden Sie Magerquark, fettarmen Streichkäse oder Tomatenmark.
- Beschichtete Pfannen sparen mindestens 50 Prozent Fett!
- Dünsten oder in Folie Garen sind gute, fettarme Alternativen zum traditionellen Braten!

Beim Biss in den Hamburger müssen Sie nicht machtlos zusehen – es gibt Alternativen.

Fast Food – kaum zu vermeiden?

Haben Sie ein »McDonald's-Kind«, das am liebsten mehrmals pro Woche Burger, Pommes & Co. zusprechen würde? Dann befindet sich Ihre Familie in bester Gesellschaft, denn in den meisten Familien wird dieses Thema heiß diskutiert. Und mal ehrlich: Ab und zu ein Hähnchen vom Grill an der Ecke oder eine Bratwurst schmeckt fast allen. Das Problem: Fast Food enthält zwar viel Fett, Zucker und Salz, dafür jedoch wenig Vitamine und Mineralstoffe. Da es zudem kaum Ballaststoffe liefert, sättigt Fast Food erst einmal nur schlecht. Hinzu kommt, dass es im Vergleich zu »normaler«, selbst zubereiteter Nahrung wesentlich teurer ist. Versuchen Sie, Ihr Kind mit diesen Argumenten zu überzeugen, seinen Fast-Food-Konsum wenigstens etwas einzuschränken.
Und wenn es denn wieder einmal sein muss, helfen unsere Tipps, wenigstens einige Kalorien, etwas Fett und Zucker einzusparen.

Fast Food ist das genaue Gegenteil von ausgewogener Ernährung

Ideal – Burger nach Maß

In immer mehr Fast-Food-Restaurants können Sie sich den Burger nach Ihren Wünschen zusammenstellen lassen. Dann

Gesündere Alternativen

Statt	Besser
Maxi-Menüs	Standard-Menüs
Pommes	große, dicke Pommes, Country-Potatoes
Mayonnaise	Ketchup, süßsaure Sauce, Barbecue-Sauce
French Dressing	Joghurt- oder Essig-Öl-Dressing
Cheeseburger	Hamburger
Würste	Schnitzel
Kartoffelsalat	Brötchen als Beilage
Käsestange	Brezel, Brötchen
Pizza Salami	Gemüse-Pizza

Die großen Übel zunächst durch kleinere ersetzen

Essen kann geradezu süchtig machen

INFO

Ein hoher Fett-, Salz- oder Zuckeranteil in der Nahrung kann Mäuse und Ratten süchtig machen! Dies fanden Wissenschaftler der Princeton University heraus. Ähnliches lässt sich beim Menschen beobachten. Muss jemand, der beispielsweise regelmäßig größere Mengen Schokolade zu sich genommen hat, plötzlich ganz darauf verzichten, gibt es in den ersten Tagen des »Entzugs« regelrechte Heißhungerattacken.

sollte man die Gelegenheit nutzen und auf fetten Käse und fette (meist weiße) Saucen verzichten und stattdessen lieber eine Extra-Portion Gemüse mit roter Sauce wählen.

Das haut um!

Vielleicht hat Ihr Kind Lust, im Restaurant selbst einmal nach den Nährwert-Informationen zu fragen. Es wird kaum glauben können, dass allein bei einem durchschnittlichen Menü (Pommes, Cheeseburger, sechs Chicken McNuggets, kleine Cola) an die 1000 Kilokalorien zusammenkommen! Das ist schon mehr als die Hälfte seines ganzen Tagesbedarfs.

Getränke – Sprit für Körper und Gehirn

Nur wenn Ihr Kind seinem Körper genug Flüssigkeit zuführt, bleibt seine geistige und körperliche Leistungsfähigkeit erhalten. Ist der empfindliche Wasserhaushalt auf Sparflamme, kommt es schnell zu Konzentrations- und Koordinationsstörungen. Stellen Sie deshalb Ihrem Kind stets genügend Getränke zur Verfügung. Denn eigentlich sollte man bereits trinken, bevor man den Durst verspürt, da Durst ja bereits das Signal für den bestehenden Flüssigkeitsmangel ist.

Am besten trinken, bevor man durstig ist

Am besten Wasser pur!

Im Idealfall deckt Ihr Kind seinen Flüssigkeitsbedarf nur mit Mineralwasser – wenn es das nicht mag, sind Apfel- oder andere Fruchtsaftschorlen und Tees gute Alternativen. Denn: Bereits 200 ml Apfelsaft haben genauso viele Kalorien wie eine Scheibe Vollkornbrot. Und Limonaden und Cola sollten besser als »flüssige Süßigkeiten« denn als Durstlöscher bezeichnet werden. Achtung: Milch zählt nicht zu den Getränken, sondern zu den Lebensmitteln – damit kann die Flüssigkeitsbilanz also nicht ausgeglichen werden!

Vorsicht: Getränke sollen Durst löschen, nicht Durst machen!

Pro-Tag-Ration

Ihr Kind sollte täglich mindestens folgende Mengen trinken.

Alter	Flüssigkeitsmenge
4–6	800 ml
7–9	900 ml
10–12	1000 ml
13–14	1300 ml

Wasser: Immer an Bord

Oft vergessen Kinder beim Herumtoben ihren Durst, vor allem wenn sie zum Trinken eigens nach Hause laufen müssten. Deshalb ist es wichtig, ihnen stets etwas Mineralwasser in eine Trinkflasche umzufüllen und mitzugeben. So haben sie bei Bedarf etwas zur Hand und kommen erst gar nicht auf die Idee, sich am Kiosk ums Eck mit Cola & Co. einzudecken.

Raus zum Toben? Wasserflasche nicht vergessen!

Trink-Tipps – nicht nur für heiße Tage!

- **Für den Erfrischungstee** 2 Esslöffel Zitronen-Verbenen-Blätter mit 1/2 Liter kochendem Wasser übergießen und ca. 10 Minuten ziehen lassen. Schmeckt warm und kalt lecker und wird, mit etwas Mineralwasser aufgegossen, noch erfrischender.
- **Für Mineralwasser mit Pepp** einfach einige Zitronen- oder Orangenscheiben zugeben.
- **Für bunte Eiswürfel** Apfel-, Trauben-, Orangen- oder Johannisbeersaft in eine Eiswürfelform gießen und gefrieren lassen. Die bunten Würfel verpassen Wasser oder Tee einen Farbtupfer und geben dabei noch etwas Geschmack.
- **Für Gummibärchen-Würfel** eine Eiswürfelform zur Hälfte mit Wasser, Saft oder Früchtetee füllen und gefrieren lassen. Aus dem Eisfach nehmen, je 1 Gummibärchen in jede Kammer legen, bis zum Rand mit Flüssigkeit auffüllen und gefrieren lassen. Tipp: Heiß geliebt bei Kinder-Geburtstagen!
- **Exotische Fruchtsaft-Schorlen** sind eine gute Alternative zum 08/15-Programm. Wie wäre es z. B. mit einer Kirsch-Bananen-Schorle, einem Ananas-Orangen-Drink oder einem Pfefferminztee-Apfelsaft-Mix?

Frucht- und Gummibärchen-Eiswürfel lassen Getränke »echt cool« aussehen

Etwas Exotik gefällig?

Gesunde Alternativen

Statt	Besser
Eistee, Limonade, Cola	Wasser, stark verdünnte Fruchtsäfte, ungesüßte Kräuter- und Früchtetees

Gesündere Alternativen

STATT	BESSER
Croissant	Rosinenbrötchen
Cremeschnitte	Obsttorte
Blätterteig	Hefeteig
Sahnetorte	Obstkuchen
Milchspeiseeis	Fruchteis, Wassereis, Fruchtsorbet
Schokolade	Gummibärchen
Schokokekse	Butterkekse
Sahnepudding	Götterspeise, Rote Grütze
Chips	Salzstangen
Erdnussflips	Salzbrezeln
Käsestangen	Popcorn, Reiswaffeln

Auch hier gilt: Auf fettarme Varianten ausweichen

Süße Versuchung – Gesundes naschen

Süßes ganz zu streichen wäre falsch

Schokolade versüßt das Leben – so heißt es jedenfalls. Auf Schokolade muss Ihr Kind auch in Zukunft nicht ganz verzichten, sonst würde es wohl den Spaß an der gesunden Ernährung verlieren. Doch vielleicht finden Sie hier die eine oder andere Nascherei, die Ihrem Kind ebenso gut schmeckt und die dazu noch gesund ist. Die Kinder-Nasch-Regel: »Ich darf jeden Tag einmal naschen – am besten direkt nach dem Essen als Nachtisch« sollte hierbei auch weiter gelten.

Pro-Tag-Ration

Ihr Kind kann bis zu 50 Gramm zuckerreiche und maximal 10 Gramm fettreiche Lebensmittel pro Tag naschen. Zu den zuckerreichen Lebensmitteln gehören beispielsweise Gummibärchen, Bonbons, Fruchteis, Mohrenköpfe, Lakritz und trockener Kuchen. Zu den fettreichen Naschereien zählen Milchspeiseeis, Chips, Erdnussflips, Käsestangen, Sahnepudding, Schokolade, Schokoriegel und Torten.

Tipps für »Süße Kinder«

Cremig aufgeschlagene, süße Shakes als Alternative zu Schokolade & Co.

- **Für eine Fruchtmilch** 1–2 reife Bananen pürieren und mit 300 ml fettarmer Milch cremig aufmixen. Durch die natürliche Süße der Banane kommt die Bananenmilch der kindlichen Gier nach Süßem sehr entgegen. Ebenso können Sie mit anderem süßem Obst verfahren. Der Vorteil: Das Obst zählt bereits als eine Obstportion!

Eis und Chips selbst gemacht und ohne Fett

● **Frucht-Sorbet** geht ganz einfach: Obst mit etwas Zitronensaft im Mixer pürieren und in eine Edelstahlschüssel füllen. Für 2–3 Stunden in die Gefriertruhe stellen und dabei alle 30 Minuten mit einem Schneebesen durchrühren. So entsteht ein leckeres Frucht-Sorbet mit vielen Vitaminen und Mineralstoffen, aber nur wenig Kalorien.

● **Pizza-Chips** sind eine Art »gesunde Variante« der Kartoffelchips. Dafür Kartoffeln schälen und in etwa 2 Millimeter dünne Scheiben schneiden. Auf ein mit Backpapier ausgelegtes Backblech legen und mit etwas Paprika- und Pizzagewürz bestreuen. In den auf 160° vorgeheizten Ofen schieben und in 20–30 Minuten leicht Farbe annehmen lassen.

»Kinderprodukte« – am besten Finger weg davon!

Hinter »Kinderprodukten« verbergen sich meist Süßigkeiten – gesund sind sie selten

Werbung verspricht viel und hält – leider – wenig. Statt der berühmten »Extra-Portion Milch« enthalten viele der speziellen Kinderlebensmittel meist eine Extra-Portion Fett und Zucker, sind stark verarbeitet und zudem teurer als entsprechende »normale« Lebensmittel. Milchriegel, Kinderjoghurt und Ähnliches sind nicht nur überflüssig, sondern verheißen eine gesunde Ernährung, obwohl genau das Gegenteil der Fall ist. Wenn Ihr Kind gerade nach diesen Produkten fragt, geben sie ihm am besten ab und zu das Gewünschte, aber sehen Sie es als als Süßigkeit. Ansonsten lautet der Rat: Finger weg von Kinderprodukten!

So viel gibt's für 100 kcal

Süßes für 100 kcal

Um den Umgang mit den leckeren Sünden zu erleichtern, finden Sie hier verschiedene Naschereien, die für rund 100 kcal »zu haben« sind.

40 g	Apfelringe
30 g	Bananenchips
4–5	Butterkekse
1	Duplo
15 g	Erdnüsse
20 g	Erdnussflips
1	Fruchtzwerge-Drink
30 g	Gummibärchen
20 g	Kartoffelchips
3	Kinder-Schokobons
3	Mini Milk Vanille (Eis)
65 g	Popcorn (süß)
25 g	Russisch Brot
1	Schokokuss
1	kleiner Schokoriegel

Ran an die Rezepte!

Neu, ausgewogen und superlecker: Gerichte, die Kindern schmecken

Mit den folgenden Rezepten möchten wir Sie inspirieren, Ihre gewohnten Bahnen zu verlassen und Neues auszuprobieren. Bei der Auswahl wurde vor allem der »kinderübliche Geschmack« berücksichtigt – schließlich ist es ja Ihr Kind, für das Sie vorrangig kochen! Vielleicht hat Ihr Kind aber auch Spaß daran, beim einen oder anderen Rezept mitzukochen – und genau das wäre ein erster Schritt hin zu einer verantwortungsbewussten Ernährung. **Alle Rezepte sind für vier Personen ausgelegt.**

Frühstück ohne Langeweile!

Ein Stückchen trockenes Brot mit etwas Marmelade – das muss nicht sein! Hier Variationen zum Thema »Frühstück«.

Fruchtschale

Pro Portion: 210 kcal, 3 g F, 8 g E, 33 g K

500 g fettarmer Joghurt
8 EL Schmelzflocken
250 g Himbeeren
250 g Nektarinen
2 EL Honig

▸ Den Joghurt so lange mit den Schmelzflocken verrühren, bis diese sich aufgelöst haben.
▸ Die Himbeeren putzen, vorsichtig abbrausen und trockentupfen. Die Nektarinen waschen, vierteln, entsteinen und das Fruchtfleisch klein würfeln.
▸ Alle Zutaten vorsichtig vermengen und mit einigen Himbeeren garniert servieren.

Doppeldecker

Pro Portion: 300 kcal, 6 g F, 19 g E, 43 g K

4 schöne Salatblätter
4 reife Tomaten
1 Zucchino
8 Scheiben Vollkornbrot
4 EL Magerquark oder fettarmer Frischkäse
4 Scheiben Geflügelwurst
frisch gehackte Kräuter

▸ Den Salat und das Gemüse waschen und putzen, die Tomaten und den Zucchino in Scheiben schneiden.
▸ Vollkornbrot dünn mit Quark oder Frischkäse bestreichen.
▸ Jede Brotscheibe mit 1 Salatblatt und 1 Scheibe Wurst belegen. Das vorbereitete Gemüse darauf verteilen.
▸ Mit Kräutern bestreuen, die zweite Brotscheibe darauf setzen.

Deko-Tipp:
Kleinere Kinder lieben es, wenn man die Doppeldecker mit Zahnstochern als Masten und kleinen Zetteln als Segeln zu Schiffchen auftakelt.

Fitmacher-Müsli

Pro Portion: 322 kcal, 6 g F, 11 g E, 54 g K

2 kleine Bananen
1 kleiner Apfel
60 g Vollkorn-Haferflocken
40 g gemischte Vollkornflocken
100 g ungezuckerte Vollkorn-flakes
4 TL Kürbiskerne
nach Belieben 4 TL Rosinen
500 g fettarmer Joghurt oder Dickmilch

▶ Bananen schälen, Apfel waschen, vierteln und das Kerngehäuse entfernen. Bananen und Apfel klein würfeln.

▶ Flocken, Cornflakes, Kürbiskerne, Rosinen und klein geschnittenes Obst mischen. Zuletzt den Joghurt unterheben.

Süße Beerenbrötchen

Pro Portion: 185 kcal, 3 g F, 12 g E, 30 g K

4 Vollkornbrötchen
200 g Magerquark oder fettarmer Frischkäse
1 bis 2 Hände voll Beeren (z. B. Himbeeren, Erdbeeren oder Johannisbeeren)

▶ Brötchen aufschneiden und mit Quark bzw. Frischkäse bestreichen.

▶ Die Beeren abbrausen, vorsichtig trockentupfen und die Brötchen damit belegen.

Etwas Warmes braucht das Kind!

Warme Mahlzeiten machen nicht nur satt und ernähren ausgewogen, sie vermitteln auch emotionale Wärme, Zuwendung und Gemeinschaft. Und genau das benötigt natürlich auch Ihr Kind regelmäßig!

Fenchel-Gratin

Pro Portion: 195 kcal, 5 g F, 14 g E, 21 g K

3 Fenchelknollen
1 1/2 TL Olivenöl
400 g gekochte Kartoffeln
4 Tomaten
frisch gemahlener Pfeffer
Salz
1 EL Gemüsebrühe (Instant)
80 g geriebener fettarmer Käse

▶ Den Fenchel waschen, putzen, vierteln, vom Strunk befreien und klein schneiden. 1 TL Öl in einer beschichteten Pfanne erhitzen und den Fenchel darin kurz andünsten.

▶ Inzwischen die Kartoffeln in Scheiben schneiden und eine Auflaufform mit dem restlichen Öl fetten. Abwechselnd Kartoffeln und Fenchel in die Form schichten. Den Backofen auf 200° vorheizen.

Das Auge isst mit – halbierte Kirschtomaten als Deko für die Nudelpfanne.

▶ Die Tomaten waschen, vierteln und entkernen. Dabei die Flüssigkeit auffangen, pfeffern, leicht salzen und mit der Gemüsebrühe verrühren. Die Tomaten würfeln.
▶ Die Tomatenwürfel über den Auflauf streuen, den Tomatensaft darüber gießen und alles mit dem geriebenen Käse bestreuen.
▶ Im vorgeheizten Backofen bei 200° (Gas Stufe 2–3) in 15 Minuten knusprig überbacken.

Nudelpfanne

Pro Portion: 450 kcal, 8 g F, 43 g E, 53 g K

10 kleine vollreife Tomaten
250 g Brokkoli
200 g Möhren
1 kleiner gelber Zucchino
Salz, 250 g Vollkornnudeln
500 g Putenfleisch
2 Zwiebeln
1 TL Pflanzenöl
frisch gemahlener Pfeffer
frisch gehackte Kräuter (z. B. Oregano und Thymian)

▶ Das Gemüse waschen und putzen. Die Tomaten klein schneiden, den Brokkoli in Röschen teilen, Möhren und Zucchino in Scheiben schneiden.
▶ Brokkoli und Nudeln in zwei Töpfen in Salzwasser bissfest kochen. Abtropfen lassen.
▶ Das Fleisch in Streifen schneiden, die Zwiebeln schälen und fein würfeln. Zusammen mit Möhren und Zucchino in einer beschichteten Pfanne im heißen Öl anbraten. Die Tomaten zugeben und kurz mitdünsten.
▶ Brokkoli und Nudeln untermengen, salzen und pfeffern. Mit Kräutern bestreut servieren.

Nussrisotto

Pro Portion:
435 kcal,
13 g F, 13 g E,
67 g K

300 g Naturreis
1,5 l Gemüsebrühe (Instant)
je 1 rote und grüne Paprikaschote
250 g Blumenkohl
1 Zwiebel
100 g Cashewnüsse
frisch gemahlener Pfeffer
Salz

▶ Den Reis nach Packungsanleitung in möglichst wenig Gemüsebrühe garen.

▶ Inzwischen das Gemüse waschen, putzen und klein schneiden. Die Zwiebel schälen und fein würfeln.

▶ Eine Pfanne ohne Fett erhitzen und die Cashewnüsse mit dem Gemüse und der Zwiebel kurz darin anbraten.

▶ Den gegarten Reis gut abtropfen lassen, unter die Nuss-Mischung mengen und mit reichlich Pfeffer, aber wenig Salz würzen.

Möhren-Kartoffel-Suppe

Pro Portion:
117 kcal,
4 g F, 3 g E,
18 g K

500 g Möhren
300 g fest kochende Kartoffeln
1 EL Pflanzenöl
1 l Gemüsebrühe (Instant)
Salz
frisch gemahlener Pfeffer
frische gehackte Kräuter (z. B. Schnittlauch)

▶ Möhren und Kartoffeln waschen, schälen und würfeln.

▶ Das Öl in einem Topf erhitzen und die Möhren darin andünsten. Mit Gemüsebrühe ablöschen. Die Kartoffeln zugeben, aufkochen und etwa 15 Minuten köcheln lassen.

▶ 6 Esslöffel Gemüsewürfel beiseite stellen, den Rest mit dem Mixstab fein pürieren. Die Würfel zur Suppe geben, mit Pfeffer übermahlen, salzen und mit den Kräutern bestreuen.

Möhren-Burger

Pro Portion:
288 kcal,
9 g F, 12 g E,
42 g K

500 g Möhren
40 g Vollkornmehl
2 Eier
Salz, Pfeffer
frisch gehackte Gartenkräuter
1 TL Pflanzenöl
4–6 Vollkornbrötchen
Salatblätter
Gurken- und Tomatenscheiben

▶ Die Möhren putzen und raspeln. Mit Mehl, Eiern, Gewürzen und Kräutern mischen.

▶ Das Öl in einer beschichteten Pfanne erhitzen. Mit einem Esslöffel kleine Puffer hineingeben, flach drücken und auf beiden Seiten knusprig braten.

▶ Die unteren Brötchenhälften mit Salat und den Bratlingen belegen und mit Tomaten- und Gurkenscheiben garnieren. Mit den oberen Hälften bedecken und warm oder kalt servieren.

Kalt und köstlich

Gerade bei den kalten Gerichten kann Ihr Kind aktiv werden: Beim gemeinsamen Schnippeln, Salat waschen oder Broteschmieren erfährt es viel über die einzelnen Lebensmittel und hat dabei noch viel Spaß!

Gazpacho

Pro Portion: 155 kcal, 8 g F, 4 g E, 18 g K

2 Scheiben Vollkorntoast
200 ml Gemüsebrühe
8 Tomaten
je 1 grüne und gelbe Paprika
1 Gurke
2 EL Olivenöl
Salz, frisch gemahlener Pfeffer
frisch gehackte Kräuter (z. B. Petersilie, Thymian, Oregano)

▶ Das Toastbrot in wenig Gemüsebrühe einweichen. Inzwischen das Gemüse waschen bzw. schälen und putzen.

▶ 4 Tomaten, je 1/2 Paprika und die Hälfte der Gurke grob zerschneiden. Den Rest in sehr feine Würfel schneiden.

▶ Das Brot gut ausdrücken und mit dem grob gewürfelten Gemüse und der Brühe pürieren. Das Olivenöl unterrühren, die Suppe würzen und gründlich durchkühlen lassen.

▶ Den Gazpacho mit den Gemüsewürfeln in Tellern anrichten. Mit den Kräutern bestreuen und eiskalt servieren.

Fisch im Grünen

Pro Portion: 220 kcal, 11 g F, 23 g E, 6 g K

1 kleiner Kopfsalat
1 Gurke
300 g fettarmer Joghurt
2 TL Olivenöl
Salz
frisch gemahlener Pfeffer
400 g gebratenes Schollenfilet
frisch gehackter Dill

▶ Salat und Gurke waschen, putzen und in mundgerechte Stücke zupfen beziehungsweise schneiden.

▶ Aus Joghurt, Olivenöl, Salz und Pfeffer ein Dressing rühren und über die Salatzutaten geben.

▶ Das Schollenfilet zerpflücken und unter den Salat heben. Mit frischem Dill bestreuen.

Bunte Gemüsespieße

Pro Portion: 210 kcal, 7 g F, 11 g E, 21 g K

4 Scheiben Vollkornbrot
4 TL Magerquark
4 Scheiben magerer Käse
8 Radieschen
16 Paprikastücke
frisch gemahlener Pfeffer
4 Holzspieße

▶ Die Brotscheiben dünn mit Magerquark bestreichen.

▶ Brot, Käse und Radieschen in mundgerechte Würfel oder Scheiben schneiden und abwechselnd mit den Paprikastücken auf die Spieße stecken.

▶ Nach Belieben kräftig mit Pfeffer übermahlen.

Pizza-Brot

Pro Portion: 216 kcal, 9 g F, 13 g E, 21 g K

6 Tomaten
4 Scheiben Vollkornbrot
4 Scheiben magerer Käse
Salz, frisch gemahlener Pfeffer
Pizza-Gewürzmischung
frisch gehacktes Basilikum

▶ Die Tomaten waschen, vom Strunk befreien und in Scheiben schneiden.

▶ Die Brotscheiben gleichmäßig mit den Tomaten und je 1 Scheibe Käse belegen.

▶ Die Brote kräftig mit Salz, Pfeffer und der Pizza-Mischung würzen. Kurz unter den Grill stellen, bis der Käse zerlaufen ist

Deko-Tipp:
Mit etwas Tomatenmark lassen sich lustige Gesichter aufs Pizzabrot zaubern.

Tomaten-Frischkäse-Salat

Pro Portion: 84 kcal, 2 g F, 10 g E, 7 g K

8 Tomaten
je 2 gelbe und grüne Paprika
2 Zwiebeln
200 g körniger Frischkäse
4 EL Kräuter-Essig
Salz, frisch gemahlener Pfeffer
frisch gehackte Petersilie oder Schnittlauch

▶ Tomaten und Paprika waschen, putzen und in Würfel schneiden. Die Zwiebeln schälen und ebenfalls fein würfeln. Alle drei Zutaten in einer Schüssel mischen.

▶ Den Frischkäse gründlich unter das Gemüse mischen.

▶ Aus Essig, etwas Wasser, Salz und Pfeffer ein Dressing rühren und mit dem Salat vermengen. Mit den Kräutern bestreuen und mit geröstetem Vollkornbrot servieren.

Gemüsequark

Pro Portion: 272 kcal, 5 g F, 14 g E, 44 g K

300 g gemischtes Gemüse (z. B. Kohlrabi, Zucchini, Paprika, Möhren oder Radieschen
125 g Magerquark
2 EL fettarme Milch
Salz, Pfeffer
Zitronensaft
8 Scheiben Vollkornbrot
frisch gehackter Dill oder Schnittlauch

▶ Das Gemüse waschen bzw. schälen, putzen und in kleine Würfel schneiden.

▶ Den Quark mit der Milch glatt rühren und mit Salz, Pfeffer und 1 Spritzer Zitronensaft würzen. Das Gemüse unterheben.

▶ Den Gemüsequark auf den Broten verteilen und mit den Kräutern bestreuen.

Pikante und süße Kleinigkeiten

Kinder müssen nicht permanent essen, doch sie haben einen relativ hohen Energieverbrauch, der auch zwischendurch gedeckt werden muss.

Die folgenden gesunden Kleinigkeiten, die Sie Ihrem Kind am besten vormittags und nachmittags als Imbiss anbieten sollten, sind dafür ideal. Wichtig: Wenn möglich, zwei Stunden Abstand zu den Hauptmahlzeiten einhalten!

Obst-Dip

Pro Portion: 150 kcal, 3 g F, 58 g E, 26 g K

2 Äpfel
8 Erdbeeren
2 Kiwis
2 Bananen
500 g fettarmer Joghurt oder Magerquark
1/2 TL Zimtpulver
Zitronenmelisse
Minze
Außerdem: Holz- oder Plastik-Spieße

Obstspieße mit Dip: Wer kann da widerstehen?

▶ Das Obst waschen bzw. schälen und in mundgerechte Stücke schneiden.
▶ Alle Obstsorten bunt gemischt auf die Spieße stecken und jeweils mit Zitronenmelisse oder Minze dekorieren.
▶ Für den Dip den Joghurt oder Quark mit dem Zimt glatt rühren und in eine Schale füllen.

Kresse-Quark-Brot

Pro Portion: 158 kcal, 2 g F, 13 g E, 23 g K

2 Hände voll Kresse
8 EL Magerquark
1 EL Mineralwasser
4 Scheiben Vollkornbrot

▶ Die Kresse abbrausen und trockentupfen.
▶ Den Quark mit dem Mineralwasser glatt rühren, die Kresse untermengen. Auf den Vollkornbroten verteilen.

Apfel-Möhren-Reiberei

Pro Portion: 73 kcal, 1 g F, 2 g E, 15 g K

2 kleine Äpfel
4 Möhren
1 TL Zitronensaft
100 g fettarmer Joghurt
2 TL Honig
Pfeffer

▶ Die Äpfel und Möhren waschen, putzen und fein raspeln. In eine Schale geben und mit dem Zitronensaft beträufeln.
▶ Joghurt und Honig glatt rühren und unter die Raspel heben. Mit wenig Pfeffer würzen.

Die Top-Ten-Ernährungstipps

1

Trinken muss sein:

- Achten Sie darauf, dass Ihr Kind ausreichend und, wenn möglich, das Richtige trinkt.
- Ein Glas Wasser vor dem Essen füllt bereits den Magen, so dass man beim Essen schneller satt wird. Machen Sie sich dies zunutze.
- Erst ausreichend Flüssigkeit lässt die Ballaststoffe in Magen und Darm quellen!
- Denken Sie an die Flasche Wasser zum Mitnehmen, wenn es raus zum Toben geht!

2

Die richtige Wahl bei Fleisch & Co.:

- Ihr Kind muss nicht ganz auf Fleisch, Wurst und Käse verzichten. Wichtig ist, dass Sie jeweils kalorienarme Sorten auswählen.
- Wenn es unbedingt einmal Leberwurst sein muss, können Sie auf fettreduzierte Varianten ausweichen.
- Es muss nicht jeden Tag Fleisch sein: Nutzen Sie unsere vegetarischen Rezept-Ideen.

3

Fit mit vollem Korn:

- Steigen Sie möglichst bei jeder Gelegenheit auf Vollkornprodukte um: Vollkornbrot, -nudeln oder Naturreis besitzen mehr Nährstoffe und machen schneller und länger satt.
- Überfordern Sie Ihr Kind dabei nicht: Fangen Sie langsam an, und steigern Sie die Menge der Vollkornprodukte stetig.

4

Essen mit Muße:

- Haken Sie die Mahlzeiten nicht zwischen Tür und Angel ab, sondern nehmen Sie sich Zeit. So isst Ihr Kind bewusster und kann besser in sich hineinhorchen, ob es schon satt ist.
- Auch wenn Ihr Kind mittags allein isst: Bereiten Sie ihm einen schönen Mittagstisch vor – so wird es sich auch allein bewusst zum Essen hinsetzen und die Mahlzeit in Ruhe genießen.

5

Die »5 am Tag« nicht vergessen!

- Denken Sie an die fünf Gemüse- und Obstportionen pro Tag – Gelegenheit macht auch hier Gemüse- und Obstesser!
- Nicht vergessen: Auch Obst- und Gemüsesäfte gelten hierbei als Portion!

6

Das Auge isst mit!

- Kindgerechte Dekorationen, Obst und Gemüse in lustigen Formen und kräftigen Farben machen selbst aus vermeintlich langweiligen Gerichten Kinder-Hits.
- Stechen die Vollkornnudeln zu sehr ins Auge, »verstecken« Sie diese doch einfach unter einer köstlichen Tomatensauce.

7

Flexible Kontrolle als Anreiz:

- Überlassen Sie es Ihrem Kind, wann es seine Wochenrationen Süßes bzw. die salzigen Naschereien verzehrt. Wichtig ist allein, dass Sie nicht nachgeben, wenn alles aufgegessen ist und Ihr Kind um Nachschub bettelt.
- Die Ernährungs-Empfehlungen müssen nicht 100-prozentig jeden Tag eingehalten werden. Sie sollten mit Ihrem Kind aber schon versuchen, im Wochenschnitt das Soll zu erfüllen.

8

Lebensmittel sind keine Erziehungsmittel:

- Denken Sie an diese Tatsache, wenn es wieder einmal so viel bequemer wäre, das Kind mit kleinen Zugeständnissen in Sachen Ernährung zu locken.
- Deshalb eignet es sich nicht als Strafe, bestimmte süße Lebensmittel komplett zu streichen.

9

Gemeinsam macht es mehr Spaß!

- Beziehen Sie Ihr Kind mit ein, wenn es darum geht, Rezepte auszuwählen, einzukaufen und schließlich auch das Essen zuzubereiten.
- Gemeinsames Kochen stärkt den Familienzusammenhalt!

10

Ihr Vorbild hilft:

- Seien Sie Ihrem Kind ein gutes Vorbild, wenn es darum geht, den Griff zu den Süßigkeiten durch Obst zu ersetzen oder die Pommes links liegen zu lassen und stattdessen zum Salat zu greifen.
- Leben Sie Ihrem Kind vor, dass Essen nicht nur Mittel zum Zweck ist und mit entsprechender Muße auch viel mehr Genuss bereiten kann.

Bewegung macht Spaß

Kinder haben normalerweise einen enormen Bewegungsdrang: Sie sind nur dann ausgeglichen, wenn sie klettern, toben, laufen, springen, tanzen oder hüpfen können. Ist Ihr Kind anders, hat es den Spaß an Bewegung verloren? Hier finden Sie viele bewährte Ideen und Tipps, wie aus Ihrem kleinen Bewegungsmuffel wieder ein ganz normales Tobekind wird.

Sie erfahren außerdem, wie Sie ohne großen Aufwand Ihren Alltag »in Bewegung bringen« und wie Ihr »Pfundskind« davon profitieren kann. Ein kleiner Fitnesstest hilft festzustellen, wie fit Ihr Kind im Moment ist, und gibt Ihnen einen guten Überblick, welche Fortschritte es im Laufe der Zeit in Sachen Fitness macht. Also nichts wie ran …

Durch Bewegung etwas bewegen

Hier geht es nicht um Höchstleistung, sondern um Spaß an der Bewegung

Sich im Alltag viel bewegen und mit Spaß Sport treiben – so einfach lässt sich die zweite Säule bei der Behandlung von Übergewicht beschreiben. Ihr kommt eine besondere Bedeutung zu. Natürlich muss Ihr Kind nicht gleich zur Sportskanone werden, denn es sind bereits kleine Aktivitäten, die Ihrem dicken Kind helfen.

Wenn Ihr Sprössling sich regelmäßig mit Freunden oder in einer Gruppe zum Sport trifft, hat das für Sie den Vorteil, dass Sie nicht mehr allein für die sportliche Betätigung verantwortlich sind. Ihnen fällt jetzt vielleicht die Rolle des Taxifahrers zu. Zugegeben, das kann auch zeitaufwändig sein, doch es bedeutet eben auch, dass Sie in diesem Fall einen Teil Ihrer Verantwortung abgeben können und im Gegenzug ein wenig kinderfreie Zeit erhalten.

Den Alltag in Bewegung bringen? Wir zeigen Ihnen wie!

Was den gemeinsamen »bewegten Alltag« angeht, sollten Sie für Neues offen sein, denn bestimmt machen die »Übungen« auch Ihnen Spaß und Sie werden dabei sogar noch fit. Dafür benötigen Sie jedoch ein wenig Zeit – und Lust auf Bewegung.

Versuchen Sie Ihrem Kind beide Bereiche – Sport und einen »bewegten Alltag« – anzubieten. Setzen Sie sich dabei jedoch nicht selbst unter Druck. Ihr Kind muss ab morgen nicht dreimal die Woche zum Fußballtraining und samstags immer schwimmen. Sie müssen nicht ab sofort ausschließlich gemeinsam mit dem Fahrrad zum Einkaufen fahren. Mit einem solchen rigorosen Vorgehen würden Sie nicht nur Ihr Kind verschrecken, sondern vermutlich auch sich selbst überfordern. Lassen Sie es lieber ruhig angehen und langsam aber sicher Bewegung und Sport ein Teil Ihres Lebens werden.

Spaß an der Bewegung muss nach und nach von innen kommen

Welche Sportart ist die richtige?

Die gute Nachricht zuerst: Jede Art von sportlicher Betätigung ist besser als kein Sport. Sie können daher den Wünschen Ihres Kindes freien Lauf lassen und müssen nur darauf achten, wie sich seine »Traumsportart« mit Ihren finanziellen und zeitlichen Gegebenheiten gut in Einklang bringen lässt.

Jede Sportart ist anders und wirkt sich deshalb auch unterschiedlich auf den Körper und die Psyche Ihres Kindes aus. Hier folgen kurz zusammengefasst die wichtigsten positiven Auswirkungen.

Ausdauer

Herz, Kreislauf und Kalorienverbrauch profitieren

Wer seine Ausdauer trainiert, bringt dabei nicht nur sein Herz auf Vordermann.
Positive Auswirkungen:
- verbesserte Leistungsfähigkeit des Herzkreislauf-Systems
- verringerte Bildung des »schlechten« LDL-Cholesterins
- erhöhte Bildung des »guten« HDL-Cholesterins
- verringertes Risiko von Typ-2-Diabetes
- weniger Herz-Kreislauf-Erkrankungen
- erhöhter Kalorienverbrauch während des Sports und kurze Zeit danach

Beliebte Sportarten, bei denen die Ausdauer eine sehr große Rolle spielt, sind beispielsweise Fußball, Basketball, Inlineskaten, Radfahren sowie bestimmte Tanzformen wie etwa Hip-Hop.

Kraft

Ohne ausreichende Kraft könnten wir uns nicht aufrecht halten. Wer ein starkes »Muskelkorsett« möchte, muss deshalb seine Kraftausdauer trainieren.
Positive Auswirkungen:
- bessere Haltung
- Korrektur bereits vorhandener Haltungsschäden
- langfristig erhöhter Kalorienverbrauch durch den gestiegenen Muskelanteil
- festere Sehnen, Bänder, Muskeln und Knochen
- verringertes Osteoporose-Risiko

Gut für Muskeln, Sehnen, Bänder und Knochen

Sportarten, bei denen die Kraftausdauer von großer Bedeutung ist, sind Turnen, Fit Kids, Klettern oder verschiedene Kampfsportarten wie beispielsweise Judo, Karate oder Taekwondo.

Wie viel Sport tut meinem Kind gut?

Vom medizinischen Standpunkt aus gesehen ist es sinnvoll, mehrmals die Woche zu trainieren. Dabei spielt die Länge der Trainingseinheiten eine eher untergeordnete Rolle. Es ist vielmehr die Anzahl der Trainingseinheiten, die sich auf die Gesundheit Ihres übergewichtigen Kindes positiver auswirken als eine lange Trainingseinheit einmal pro Woche. Jedoch auch hier gilt: Jede Art von Sport ist für Ihr Kind weitaus besser als kein Sport.

Karate, eine Kampfsportart, bei der es auf Beweglichkeit ankommt.

Beweglichkeit

Es ist aber nicht nur die Kraft, die es uns ermöglicht, eine aufrechte Haltung einzunehmen und die Gelenke richtig zu belasten. Dazu benötigen wir außerdem bewegliche Gelenke sowie Muskeln, die wir nach Bedarf dehnen können.

Positive Auswirkungen:

- verbesserte Haltung
- Korrektur bereits vorhandener Haltungsschäden

Beweglich sein heißt immer auch fit sein

Zu den Sportarten, bei denen die Beweglichkeit besonders stark gefordert und gefördert wird, gehören beispielsweise Ballett, verschiedene Kampfsportarten und auch Cheerleading, das auf Seite 95 f. ausführlich beschrieben wird.

Koordination

Akrobatik und Kinderzirkus auf dem Wunschzettel?

Unter Koordination versteht man das harmonische Zusammenspiel aller an einer Bewegung beteiligten Muskeln. Unter diesem Überbegriff werden aber auch die Fähigkeit, sich räumlich zu orientieren und zu reagieren, die Rhythmusfähigkeit sowie die Gleichgewichtsbeherrschung zusammengefasst.

Positive Auswirkungen:

- verbesserte räumliche Wahrnehmung
- schnellere Reaktion
- besseres Rhythmusgefühl
- verbesserte Gleichgewichtsbeherrschung

Sportarten, bei denen die koordinativen Fähigkeiten eine besondere Rolle spielen, sind unter anderem Akrobatik, Kinder-Zirkus und Turnen.

Entspannung

Wer sich körperlich anstrengt, kann anschließend besser entspannen

Nur wer weiß, wie es sich anfühlt, wenn man angespannt ist, der kann auch erspüren, wie sich der entspannte Zustand anfühlt. Dabei ist Entspannung für unseren Körper und unsere Psyche ebenso wichtig wie die Anspannung – und das gilt bereits für Kinder. Studien haben gezeigt, dass Kinder sich oft schlecht entspannen können, dass sie unter schulischem und familiärem Stress leiden und

Gesunder Körper und gesunde Psyche gehören eng zusammen

oftmals sogar stressbedingte Kopfschmerzen haben. Auch hier kann Sport helfen.
Positive Auswirkungen:

- Entspannen fällt leichter
- es wird weniger Stress empfunden
- stressbedingte Krankheiten treten seltener auf

Sportarten und Techniken, bei denen die Entspannung eine wichtige Rolle einnimmt, sind unter anderem Phantasiereisen, Yoga für Kinder oder Rückenschule für Kinder.

Psyche

Bewegung wirkt sich aber nicht nur positiv auf den Körper, sondern auch auf die Psyche aus.
Positive Auswirkungen von Sport auf die kindliche Psyche:

- mehr Selbstwertgefühl
- mehr Selbstvertrauen
- verbessertes Körperbewusstsein
- bessere Selbsteinschätzung
- weniger soziale Isolation
- besserer Umgang mit Frustrationserlebnissen
- weniger Depressionen
- verbessertes Spiel- und Sozialverhalten

Diese Punkte sind von ganz besonderer Bedeutung für dicke Kinder, da sie ihre eigenen Bewegungen nur selten als positiv empfinden. Die Folge ist, dass sie oftmals sich selbst und ihren Körper nicht zu schätzen wissen. Viele dicke Kinder haben bisher

Sportvereine als Tor zur Bewegung: Auch hier halten Trends Einzug

Wohin zum Sport?

Sie müssen nicht gleich Mitglied im exklusiven Tennisclub werden, um Ihr Kind zu begeistern. Fragen Sie beim »normalen« Sportverein in Ihrer Nähe nach – Sie werden staunen, wie vielfältig und modern heute das Angebot speziell für Kinder ist, und das zu meist sehr günstigen Mitgliedsbeiträgen. Für einkommensschwache bzw. kinderreiche Familien gibt es zudem üblicherweise eine Ermäßigung. In Großstädten bieten viele Vereine auch offene Angebote an, an denen Ihr Kind teilnehmen kann, ohne dass es Mitglied wird.

Schämt sich Ihr Kind, zusammen mit »schlanken Kindern« Sport zu treiben? Fragen Sie bei Sportvereinen und Krankenkassen nach, ob auch in Ihrer Nähe Extra-Kurse für dicke Kinder angeboten werden (siehe auch Adressen, die weiterhelfen, Seite 125). Viele Krankenkassen erstatten sogar einen Teil der Kosten, die für die Teilnahme an derartigen Veranstaltungen anfallen.

Endlich dazugehören und für die Mannschaft Erfolge erzielen!

eben nur erfahren, dass ihr Körper dick und unförmig ist und dass sie deswegen in punkto Schnelligkeit und Gelenkigkeit nicht mit den »dünnen Kindern« mithalten können. Deshalb haben sich viele dicke Kinder bereits sehr früh damit abgefunden, dass sie beim leidigen Wählen im Sportunterricht einfach nicht gefragt sind und deswegen stets aufs Neue bis zum Schluss auf der Bank sitzen bleiben – kein Team möchte den »Dickie« haben! Irgendwann reift häufig bei diesen Kindern der Gedanke, dass ihnen Sport gleichgültig ist und sie verlieren die Lust, daran etwas zu ändern. Umso wichtiger ist für diese Kinder die Erfahrung, dass Bewegung tatsächlich Spaß machen und gemeinsam mit anderen ein besonderes Erlebnis sein kann.

ABC der Sportarten

Fällt Ihnen und Ihrem Kind auf Anhieb keine Sportart ein, die es gern ausüben würde? Oder kann es sich nicht entscheiden, welche der vielen tollen Sportarten es zuerst ausprobieren soll? Dann finden Sie sicherlich gemeinsam etwas Passendes im ABC der Sportarten. Erklärungen zu den einzelnen Trendsportarten finden Sie ab Seite 94.

Abenteuerturnen, Akrobatik, **B**adminton, Ballett, Basketball, **C**apoeira (brasilianischer Kampftanz), Cheerleading, **D**ance for Fans (Tanzen nach der Choreographie von Stars), **E**ishockey, **F**austball, Frisbee, **G**olf, **H**andball, Hockey, **I**nlineskating, Inline Hockey, **J**azz Dance, Judo, **K**lettern, Kanu fahren, Kegeln, **L**eichtathletik, Laufen, **M**ountain Biking, **P**rellball, **Q**i Gong, **R**adfahren, Reiten, Rodeln, **S**egeln, Selbstverteidigung, Schwimmen, **T**anzen, Tischtennis, Turnen, **U**ltimate Frisbee (ein Mannschaftsspiel mit einer Frisbeescheibe), **V**olleyball, **W**andern, Wasserball, **Y**oga, **Z**irkus.

Die Qual der Wahl – welche Sportart gefällt mir?

Spaß an der Bewegung kann man erlernen

Wer sein Bewegungsverhalten ändern möchte, dem stehen viele Möglichkeiten offen. Auf den folgenden Seiten finden Sie eine Vielzahl erprobter Ideen, die Ihrem Kind Spaß machen und ihm helfen, spielerisch zur Bewegung zu finden. Ideal: Sie können die Übungen leicht in den Alltag einbauen.

Der erste Test – Wie fit ist Ihr Kind?

Super: ein Fitness-Test …

Tatsächlich hat die körperliche Leistungsfähigkeit unserer Kinder in den letzten Jahrzehnten nachgelassen (siehe dazu auch Seite 13). Um den aktuellen Fitness-Status Ihres Kindes zu ermitteln, sollten Sie den folgenden kleinen Fitness-Test durchführen. Damit Sie die Leistung Ihres Kindes etwas besser einschätzen können, sind zu jeder Übung Richtwerte angegebenen, die sich auf ein sechsjähriges Grundschulkind beziehen.
Die nachfolgenden Übungen sind jedoch nicht nur als Test, sondern auch als Training sinnvoll. Suchen Sie sich deshalb nach dem ersten Durchgang gemeinsam mit Ihrem Kind zwei oder drei Übungen aus, die es in der folgenden Woche mehrmals für wenige Minuten übt. In der nächsten Woche wählen Sie neue Übungen aus, üben diese für eine Woche und suchen erneut weitere Übungen aus … So bleibt Ihr Kinder-Fitness-Programm abwechslungsreich und wird nicht langweilig.

… mit abwechslungsreichem Trainingsprogramm

Manche Übungen lassen sich auch leicht in den Alltag einbauen. Tipps dazu finden Sie bei den jeweiligen Übungen.

Bitte beachten, bevor es losgeht

5 qm Platz, bequeme Kleidung, Zettel und Stift – das ist alles!

- Sie benötigen in Ihrer Wohnung eine freie Fläche von ca. 5 qm – so kann Ihr Kind sich ausreichend bewegen, ohne dass die Gefahr besteht, dass es sich bei einer Unachtsamkeit verletzt.
- Ihr Kind sollte barfuß sein und bequeme Kleidung tragen, die es nicht einengt.
- Die einzelnen Test-Aufgaben können Sie entweder hintereinander absolvieren oder auf mehrere Tage verteilen.
- Legen Sie sich Stift und Zettel bereit, damit Sie im Testbogen

festhalten können, wie gut die Übungen geklappt haben.

- Noch einfacher ist es, wenn Sie die Übungs-Übersicht von Seite 80 kopieren und die Ergebnisse dort jeweils eintragen.
- Schreiben Sie sich zu jeder Übung auf, wie lange, wie weit oder wie oft Ihr Kind die entsprechende Übung absolviert.
- Heben Sie Ihre Notizen auf. Wenn Sie die Übungsfolge nach einer gewissen Zeit wiederholen, können Sie sehen, welche Fortschritte Ihr Kind bereits macht.

Test 1: Storch im Salat

Beim Einbeinstand wird vor allem die Gleichgewichtsfähigkeit im Stand geprüft, beim Einbeinsprung zusätzlich die Beinkraft.

Zuerst auf einem Bein stehen, dann hüpfen. Die Arme helfen, das Gleichgewicht zu halten.

▶ Ihr Kind stellt sich auf ein Bein. Diese Position sollte es mindestens 10 Sekunden lang halten können. Die Arme dürfen ohne wildes Herumrudern zum Ausbalancieren genutzt werden. Machen Sie den gleichen Test mit dem anderen Bein.

▶ Ihr Kind sollte auf jedem Bein ohne Pause 5–7-mal in eine Richtung hüpfen können. Idealerweise sind beide Beine ungefähr gleich stark.

Alltagstipp: Der Einbeinstand lässt sich prima beim Zähneputzen üben, der Einbeinsprung immer dann, wenn in der Wohnung kleinere Distanzen zurückgelegt werden sollen. Wichtig ist, dass abwechselnd geübt wird – mal links, mal rechts!

Gut im Alltag einsetzbar!

Test 2: Seiltanzen

Beim Seiltanzen steht die Gleichgewichtsfähigkeit in Bewegung im Blickpunkt.

▶ Lassen Sie Ihr Kind auf einer drei bis vier Meter langen ausgelegten Schnur balancieren.

Alltagstipp: Sie können diese Übung gut in einer wenig befahrenen Straße auf der Bordsteinkante, im Wald auf einem Baumstamm, auf den Linien der Gehwegplatten, der Teppichkante im Wohnzimmer oder den Fliesenfugen im Badezimmer durchführen.

Auch das Balancieren auf Mauern gehört dazu

Test 3: Wilder Hüpfer

Sprungkraft und Ausdauer Ihres Kindes werden bei dieser Übung getestet.

▶ Ihr Kind sollte mit beiden Beinen in großen Sätzen ohne anzuhalten etwa vier Meter in eine Richtung hüpfen können.

Alltagstipp: Wilde Hüpfer lassen sich zu den verschiedensten Gelegenheiten einbauen: beim Tanzen, beim Schulranzen-Packen, beim Spaziergang im Park und natürlich beim Durch-die-Wohnung-Toben.

Je höher Ihr Kind springt, umso mehr kann es zappeln.

Test 4: Zappelhandstand

Mit dem Zappelhandstand wird die Stützkraft der Arme getestet.

▶ Ihr Kind geht in die Hocke und stützt die Hände vor sich auf dem Boden auf. Nun wirft es mit möglichst viel Schwung die Beine hoch und zappelt damit in der Luft herum. 3–4-mal wiederholen.

Alltagstipp: Dieser Handstand ist ein prima Muntermacher für Kinder, die beim Hausaufgabenmachen plötzlich müde werden!

Auf Zehenspitzen schleicht es sich superleise.

Test 5: Zehen- und Fersengang vorwärts

Beim Zehen- und Fersengang vorwärts testen Sie neben den koordinativen Fähigkeiten auch noch Kraft und Dehnbarkeit der Unterschenkelmuskulatur.

▶ Ihr Kind geht zuerst auf den Zehen, dann auf den Fersen etwa drei Meter geradeaus.

Alltagstipp: Wie wäre es, wenn Sie vor dem Abendessen für eine Stunde das Wohnzimmer zum Zehen- bzw. Fersengang-Zimmer erklären würden? Natürlich machen auch Sie mit!

Test 6: Zehen- und Fersengang rückwärts

Wer im Zehen- und Fersengang rückwärts geht, testet im besonderen Maße das räumliche Orientierungsvermögen.

Im Fersengang rückwärts läuft man besser etwas langsamer.

▶ Ihr Kind geht zuerst im Zehen-, dann im Fersengang 2–3 Meter rückwärts.
Alltagstipp: Rückwärtsgehen im Zehen- oder Fersengang lässt sich drinnen und draußen fast immer gut einbauen. Ausnahme: Wenn sich viele Menschen auf engem Raum befinden oder das Gelände draußen unübersichtlich ist, sollte das Üben besser auf ein anderes Mal beziehungsweise einen anderen Ort verschoben werden.

Test 7: Purzelbaum

Beim Purzelbaum testen Sie die koordinativen Fähigkeiten.
▶ Ihr Kind macht auf einem weichen Teppich oder einer Decke einen Purzelbaum vorwärts, bei dem es nicht auf die saubere Technik ankommt.

Beim Purzelbaum muss man auf viele Dinge gleichzeitig achten

Test 8: Schnürsenkelsuche

Bei der Schnürsenkelsuche testen Sie die Dehnbarkeit und Beweglichkeit Ihres Kindes.

Auch wenn Ihr Kind diesen Test schafft und gut findet – bitte nicht ins Übungsprogramm einbauen!

▶ Ihr Kind steht barfuß auf einer Stufe oder Kiste, so dass die Zehen sich direkt am Rand befinden. Das Kind beugt sich mit gestreckten Beinen nach unten.

▶ Das Kind sollte gleich im ersten Versuch mit den Fingerspitzen an den Rand der Stufe oder tiefer kommen.

Wichtig: Der Schnürsenkelsucher ist nur als Test und nicht als Übung gedacht, da der untere Rücken ungünstig belastet wird.

Test 9: Giraffensprung

Hier ist Sprungkraft, Dehnbarkeit und Beweglichkeit des gesamten Körpers gefragt.

▶ Jetzt stellt sich Ihr Kind seitlich zur Wand und springt aus dem Stand, so hoch es kann. Dabei markiert es mit den Fingerspitzen den höchsten erreichten Punkt an der Wand.

▶ Markieren Sie zur Sicherheit noch einmal beide Maximalpunkte, also die Reich- und die Sprunghöhe.

▶ Vergleichen Sie beide Werte miteinander. Der Unterschied sollte zwischen 18 und 20 Zentimetern betragen.

Zuerst die Reichhöhe markieren ...

... dann kräftig abspringen und mit den Fingern am höchsten Punkt an die Wand klatschen.

▶ Ihr Kind stellt sich direkt vor eine Wand und reckt die Arme (den Giraffenkopf) möglichst weit nach oben. Die Füße bleiben dabei auf dem Boden. Die Fingerspitzen markieren die maximale Reichhöhe.

Tipp: Malen Sie die Fingerspitzen Ihres Kindes mit Kreide an. Anhand der Kreidetapser lässt sich der Unterschied gut messen. Die Kreide kann später von Tapeten und glatten Oberflächen leicht wieder entfernt werden.

Mit Kreidefingern geht es am einfachsten

Test 10: Armvorhalte

Bei dieser Übung steht die Kraftausdauer der gesamten Rumpfmuskulatur sowie der Arme im Blickpunkt.

Die parallele Wand zeigt, ob Ihr Kind gerade stehen bleibt oder ausweicht.

▶ Ihr Kind stellt sich aufrecht direkt neben einen Schrank oder Türrahmen, die Füße stehen hüftbreit auseinander. So können Sie später sehr gut erkennen, ob Ihr Kind mit dem Becken, den Schultern oder dem Kopf ausweicht. Die Knie sind ganz entspannt und nicht durchgedrückt.

▶ Das Brustbein ist gehoben, die Wirbelsäule ist dadurch komplett aufgerichtet.

▶ Lassen Sie Ihr Kind die gestreckten Arme nach vorn bis auf Schulterhöhe anheben.

Legen Sie Ihre Hände auf seine Schulterblätter. Ihr Kind soll nun versuchen, seine Schulterblätter und damit auch Ihre Hände ein kleines Stück nach unten sinken zu lassen, indem es seine Schultern und Schulterblätter bewusst nach unten bewegt. Sollte Ihrem Kind diese Bewegung der Schultern nach unten nicht gelingen, können Sie ganz sanft etwas Druck auf seine Schultern ausüben. Dann aber sofort wieder loslassen.

Ihre Hände auf den Schultern des Kindes unterstützen die Übung

▶ Ihr Kind steht immer noch in aufrechter Haltung mit gehobenen Armen und gesenkten Schultern und sollte – ohne auszuweichen – mindestens eine Minute lang in dieser Position verweilen können.

TIPP!

Falls es Ihrem Kind schwer fällt, die aufrechte Grundposition einzunehmen, können Sie ihm mit einem kleinen Trick helfen: Es soll sich vorstellen, es sei eine Marionette mit einem Faden am Hinterkopf. Ziehen Sie nun symbolisch an dem Faden über seinem Kopf, bis Ihr Kind aufrecht steht. Sollte es Ihrem Kind langweilig werden, in der Position zu verharren, singen Sie gemeinsam ein Lied oder spielen Sie »Ich sehe was, was du nicht siehst«.

Wie eine Marionette am langen Faden

Test 11: Hampelmann

Die koordinativen Fähigkeiten und die Ausdauer stehen hier im Blickpunkt.

Wie oft schaffen Sie den Hampelmann am Stück?

▶ Lassen Sie Ihr Kind den guten alten Hampelmann 10–12-mal ohne Pause hüpfen.

Alltagstipp: Der Hampelmann passt zu vielen Kinderliedern und lässt sich auch im Takt der Chartsstürmer hüpfen.

Test 12: Ballprellen

Getestet werden die koordinativen Fähigkeiten, vor allem die Rhythmusfähigkeit sowie die Kraftausdauer der Arme.

▶ Ihr Kind stellt sich aufrecht auf eine Treppenstufe oder einen stabilen Hocker. Die Füße stehen hüftbreit auseinander, die Knie sind ganz entspannt.

Bitte keinen Leistungsdruck ausüben!

WICHTIG

Alle in den Tests angegebenen Werte sind lediglich Richtwerte zur Orientierung. Nutzen Sie die Ergebnisse, um die individuelle Entwicklung Ihres Kindes zu verfolgen. Loben und belohnen Sie Ihr Kind, wenn es gut mitmacht. Wiederholen Sie den Test, nachdem Ihr Kind etwas geübt hat und freuen Sie sich gemeinsam über die Fortschritte.

▶ Ihr Kind sollte in dieser Position innerhalb von 30 Sekunden einen Ball mit beiden Händen etwa 20–25-mal hintereinander prellen können.

Alltagstipp: Ist Ihr Kind beim Ballprellen noch unsicher, kann es zuerst das Prellen auf dem Boden stehend, später dann auf dem Hocker trainieren. Übrigens lässt sich das Prellen mit jedem beliebig großen Ball – vom Flummi bis hin zum Basketball – praktizieren.

Wählen Sie zu Beginn einen Ball, der griffig, nicht zu groß und nicht zu schwer ist.

Übersicht der Übungen

Übung	Gut für	Material	Richtwert	Wie oft geschafft? 1. Mal	2. Mal	3. Mal
1 Storch im Salat	Gleichgewichtsfähigkeit, Beinkraft	keines	5–7-mal ohne Pause			
2 Seiltanzen	dynamische Gleichgewichtsfähigkeit	3–4 m Schnur	3–4 m ohne Pause			
3 Wilder Hüpfer	Sprungkraft, Ausdauer	keines	4 m ohne Unterbrechung			
4 Zappelhandstand	Stützkraft der Arme	keines	3–4 Wiederholungen			
5 Zehen-/Fersengang vorwärts	koordinative Fähigkeiten, Unterschenkelmuskulatur	keines	ca. 3 m geradeaus			
6 Zehen-/Fersengang rückwärts	räumliches Orientierungsvermögen, koordinative Fähigkeiten, Unterschenkelmuskulatur	keines	2–3 m rückwärts, möglichst gerade			
7 Purzelbaum	koordinative Fähigkeiten	keines	4-mal			
8 Schnürsenkelsuche	Dehnbarkeit, Beweglichkeit	Hocker	Fingerspitzen am Rand der Stufe			
9 Giraffensprung	Sprungkraft, Dehnbarkeit, Beweglichkeit	Kreide	18–20 cm Sprungkraft			
10 Armvorhalte	Kraftausdauer von Rumpf- und Armmuskulatur	keines	ab 1 Minute			
11 Hampelmann	Ausdauer, koordinative Fähigkeiten	keines	10–12-mal			
12 Ballprellen	Rhythmus- und koordinative Fähigkeiten, Kraftausdauer der Arme	Hocker, Ball	20–25-mal			

Auf den Ball gekommen

Ihrem Kind haben die Übungen des Kinder-Fitness-Tests Spaß gemacht? Super! Damit Ihr Kind auch in Zukunft mit Spaß an diese Art des zielgerichteten Trainings herangeht, sollten Sie keinen Druck ausüben: Sobald Ihr Kind die Übungen nur noch widerwillig ausführt, brechen Sie für heute ab und versuchen es morgen noch einmal.

Mit der Brechstange erreichen Sie langfristig nichts

Hat Ihr Kind vielleicht Lust auf Abwechslung? Dann setzen Sie Ihr Training doch einfach mit dem Gymnastikball fort: Die Übungen sind effektiv, machen riesig Spaß und können gut zu Hause ausgeführt werden!

Die Bewegung, bei der jeder mitmuss

Der Gymnastikball fordert geradezu zum Bewegen auf

Mit einem einfachen Gymnastikball haben Sie die Möglichkeit, Ihr Kind im täglichen Leben sozusagen »in Bewegung zu bringen«. Sie benötigen dafür lediglich einen Gymnastikball in kindgerechter Größe.

Wenn Sie Ihr Kind allein mit dem Ball etwas experimentieren lassen, wird es wahrscheinlich sehr schnell beginnen, sich mit und auf dem Ball zu bewegen – Sie werden verblüfft sein, was ihm dabei alles einfällt und was es – auch ohne vorher groß zu üben – zustande bringt!

Auf die richtige Größe kommt es an!

Für Kinder wie für Erwachsene gilt: Ein Sitzball sollte immer zur Körpergröße passen, wobei die folgenden Richtwerte beim Kauf eines Balls helfen können.

Körperhöhe	Ballgrösse
bis 125 cm	35 cm
bis 140 cm	45 cm
bis 155 cm	55 cm
bis 175 cm	65 cm
ab 175 cm	75 cm

Soll Ihr Kind den Ball auch als Stuhlersatz verwenden, sollte er so aufgepumpt werden, dass sich beim Sitzen der Po immer höher als die Knie befindet und dass die Oberschenkel leicht nach vorn-unten abfallen.

Ein eigener Ball in richtiger Größe lohnt sich

Probieren geht über Studieren

Lassen Sie Ihr Kind ausprobieren, welche Positionen mit dem Ball möglich sind und welche ihm besonders gut gefallen.

Spaß an der Bewegung kann man erlernen

Multi-Talent Gymnastikball

Vielleicht empfindet Ihr Kind gerade die entspannenden Positionen als angenehm – dann können Sie den Ball zum Relaxen verwenden. Ideal: Alle Übungen machen nicht nur Spaß, sondern trainieren gleichzeitig Koordination, Beweglichkeit, Dehnbarkeit und Kraft.

Fit-mit-dem-Ball-Übungen

Nachdem Ihr Kind einige Zeit allein mit dem Ball gespielt hat, sollten Sie ihm nun Ihre Hilfe anbieten. Mit Ihrer Unterstützung, wird es die Übungen sicher ausführen können. Viel Spaß macht es, wenn Sie oder ein Freund die Übungen mitmachen!

»Tisch-Haltung einnehmen« heißt diese Übung auch.

- Aus dem Sitz rollt Ihr Kind mit dem Rücken den Ball entlang nach vorn, bis es mit den Händen den Boden berühren kann. Der Rumpf bildet nun eine waagrechte Fläche. Kurz halten, dann wieder zurückrollen.
- Ihr Kind setzt sich auf den Ball, hebt abwechselnd ein Bein vom Boden ab und versucht dabei das Gleichgewicht zu halten. Was passiert jeweils?
- Ihr Kind liegt in Bauchlage auf dem Ball. Es versucht, entweder beide Hände oder beide Füße vom Boden abzuheben.

Beim »Flieger« soll die Wirbelsäule gerade und der Kopf in ihrer Verlängerung sein.

- Nächste Schwierigkeitsstufe: Ihr Kind liegt in Bauchlage auf dem Ball und versucht nun Hände und Füße gleichzeitig vom Boden abzuheben.
- Ein echter Härtetest für die Balance (mit Hilfestellung): Ihr Kind sitzt auf dem Ball und hebt beide Beine gleichzeitig vom Boden ab. Klappt das, und wenn ja wie lange? Oder falls Sie zusammen mit Ihrem Kind trainieren: Wer kann die Füße länger in der Luft halten?
- Diese Übung ist ideal zum Entspannen: Ihr Kind lässt sich bäuchlings, rücklings oder seitwärts über den Ball hängen.

Wie fühlt sich das an? Welche der beiden Positionen ist angenehmer für den Rücken?

▶ Noch eine weitere Übung zur Entspannung: Ihr Kind legt sich in Bauchlage auf den Boden, der Kopf ist auf den Händen abgelegt. Sie rollen nun den Ball über Rücken und Beine ihres Kindes.

Am Anfang ist Hilfestellung nötig, doch dann kann Ihr Kind auch allein üben.

▶ Helfen Sie Ihrem Kind in den Kniestand auf den Ball. An beiden Händen festhalten, dabei soll das Kind versuchen, sein Gleichgewicht auszubalancieren. Die Übung zuerst nicht ohne Hilfestellung ausführen!

TIPP!
Ihrem Kind bringt es langfristig mehr, wenn es Übungen voller Freude und Elan ausführt, auch wenn diese vielleicht nicht so bewegungsintensiv sind, wie Sie es gern hätten. Der Vorteil liegt auf der Hand: So bleibt Ihr Kind langfristig bei der Stange, wogegen es bei einem Zwangs-Intensiv-Programm wahrscheinlich bald streiken würde. Lassen Sie dem Spieltrieb Ihres Kindes freien Lauf, und freuen Sie sich über die tollen Dinge, die es inzwischen mit dem Gymnastikball zustande bringt.

Ihr Kind hat sicher selbst viele Spielideen mit dem Gymnastikball

▶ Eine Übung für einen starken Rücken: Ihr Kind liegt in Bauchlage auf dem Ball und stützt sich mit den Fußballen am Boden ab. Die Hände verschränkt es im Nacken und bewegt die Ellenbogen wie die Flügel eines Vogels nach oben und unten.

▶ Mama/Papa oder ich? Machen Sie aus den Übungen einen kleinen Vergleichs-Wettbewerb: Wahrscheinlich sind Sie ängstlicher als Ihr Kind. In diesem Fall sollten Sie Ihre Angst ruhig zeigen und Ihrem Kind den kleinen Triumph gönnen.

Auch hier gilt: Wettbewerb belebt das Üben

Der bewegte Tag

Ein Ideen-Pool zum Auswählen

Neue Sportarten entdecken, mit unseren Übungen fit werden – all das ist sinnvoll, damit sich Ihr Kind wieder auf mehr Bewegung einlässt. Doch auch der Alltag bietet jede Menge Möglichkeiten, sich mehr als früher zu bewegen. Suchen Sie aus der folgenden Ideensammlung gemeinsam diejenigen aus, die Ihnen am besten gefallen, und setzen Sie jeden Tag ein bis zwei davon in die Tat um!

- Morgenmuffel werden zu Gern-Aufstehern, wenn sie zum Wachwerden im Bett erst einmal eine Runde Rad fahren.
- Kommt Ihr Lieblingslied im Radio? Dann ist ein ausgelassener Tanz jetzt genau richtig.

Nach dem »Trocken«-Radfahren im Bett geht's mit dem Rad zur Schule.

- Beim Zähneputzen kommt Bewegung in die Beine, wenn Ihr Kind währenddessen den Storch im Salat spielt (siehe Seite 74) oder auf den Zehenspitzen auf und ab wippt.
- Ist heute Rückwärts-Tag? Dann gilt für alle Familienmitglieder: Zu Hause bitte nur rückwärts gehen!
- Eigentlich ist es nicht weit zur Schule bzw. zu Ihrer Arbeitsstelle? Supermarkt und Gemüsehändler sind gleich um die Ecke? Dann lassen Sie einfach das Auto stehen und gehen zu Fuß oder nehmen das Fahrrad.

Bewegung ist fast immer und überall möglich

- Der Hund muss Gassi geführt werden? Die kleinen Geschwister wollen zum Spielen nach draußen? Nichts wie raus!
- Damit das lange Sitzen beim Hausaufgabenmachen nicht zu sehr auf den Rücken geht, sollte Ihr Kind zwischendurch auf dem Gymnastikball entspannen oder während des Sitzens auf dem Ball immer wieder hin und her rollen.
- Lassen Sie Ihr Kind Kind sein und es jeden Tag mindestens eine halbe Stunde draußen herumtoben. Vielleicht macht es Ihnen ja einen Riesenspaß, dabei mitzumachen?
- Treppenlaufen macht viel mehr Spaß, als sich auf Rolltreppen und in Fahrstühlen »liften« zu lassen, wenn Sie mit Ihrem Kind

Geben Sie sich einen Ruck und machen Sie mit!

um die Wette oder gegen die Stoppuhr laufen.

- Gibt es in Ihrer Nähe einen Abenteuer- oder Bauspielplatz? Diese sind oft so ausgerichtet, dass auch ältere Kinder noch ihren Spaß daran haben.
- Trauen Sie Ihrem Kind etwas zu und lassen Sie es kleinere Besorgungen selbstständig zu Fuß erledigen. Das macht selbstbewusst und hält fit.
- Ein Besuch bei Freunden steht an? Bringen Sie Ihr Kind nicht wie üblich mit dem Auto hin, sondern lassen Sie es dieses Mal zu Fuß, mit dem Fahrrad oder mit den Inline Skates dorthin gehen/fahren.
- Eine Entspannungsübung vor dem Einschlafen hilft den Tag zu verdauen und entspannt wunderbar. So ist Ihr Kind für den nächsten Tag wieder fit.

Leichteres Lernen mit Überkreuzbewegungen

Hat Ihr Kind Probleme in der Schule? Kann es sich häufig schlecht konzentrieren? In vielen Fällen sind Blockaden die Ursache, die verhindern, dass beide Gehirnhälften problemlos zusammenarbeiten. Beim Überkreuzen wird die Verbindung der beiden Gehirnhälften aktiviert und so die Zusammenarbeit gefördert – und das wirkt sich vor allem beim Lesen und Schreiben aus!

▶ Ihr Kind steht aufrecht und entspannt, beide Arme hängen locker an den Seiten herunter. Jetzt wird der rechte Fuß angehoben, bis das Knie bequem mit der linken Hand erreicht werden kann, und dann wieder auf den Boden gestellt.

▶ Anschließend die gleiche Bewegung mit linkem Knie und rechter Hand wiederholen. Beide Überkreuzbewegungen abwechselnd, gleichmäßig und locker üben, bis es »ganz von selbst« geht.

Blockaden werden gelöst, und beide Gehirnhälften können gut miteinander kommunizieren

Familien-Jogging: das Optimum. Doch auch kleinere Aktionen zu zweit oder dritt machen Spaß.

Familysports – Spaß für alle

Wie sieht es bei Ihnen in punkto Sport aus? Hätten Sie nicht Lust, etwas mehr Zeit zu investieren und regelmäßig mit Ihrem Kind Sport zu treiben? Das tut garantiert nicht nur Ihrer Fitness gut, sondern intensiviert auch die Beziehung. Die Möglichkeiten sind vielfältig: Sie können entweder auf organisierte Angebote zugreifen oder eigene Ideen verwirklichen. Genießen Sie die gemeinsamen Erfahrungen – wann hat Ihr Kind sonst schon die Gelegenheit, Sie als wilde Krabbe, gehetzten Hasen oder atemberaubenden Jongleur zu sehen?

- Moderner ausgerichtete Vereine bieten Abenteuersport und Familienturnen für Kinder bis 10 Jahre an. Dabei ist meist die gesamte Familie inklusive Geschwisterkinder herzlich willkommen. Bei Kinderzirkus-Angeboten sind Eltern oft ebenfalls gern gesehene Gäste.
- Holen Sie Ihr Fahrrad bzw. Ihre Inliner aus dem Keller und los geht's zur Familien-Tour.
- Warum nicht unter die Turnier-Veranstalter gehen? Laden Sie Freunde zu einem Turnier ein. Die Sportart? Das kann Sitzfußball, Eierlaufen oder Ball über die Schnur sein!

Suchen Sie gezielt nach Sportangeboten für die Familie

Spaßolympiade

Planen Sie gemeinsam mit Nachbarn oder Freunden eine Spaßolympiade mit vielleicht folgenden Stationen: Bobbycar-Rennen, Rollerfahren auf einem Parcours, Stelzenlaufen mit selbst gebauten Dosenstelzen, Torkelball-Zielwerfen (siehe Seite 91) oder Schildkrötenmarathon. Dabei treten jeweils mehrere Kinder und Erwachsene direkt gegeneinander an. Jeder Teilnehmer hat einen Wäschekorb (den Panzer) auf den Rücken gebunden und muss auf Händen und Füßen einen Parcours absolvieren.

Spiel ohne Grenzen für alle Altersgruppen gleichzeitig

● Sommer- oder Sportfeste sind meist gute Gelegenheiten, um sich gemeinsam so richtig auszutoben und Spaß zu haben.

Zeigen Sie, dass Feiern nicht unbedingt etwas mit Herumsitzen zu tun hat

● Nicht jede Familienfeier muss eine Sitz- und Essfeier sein! Hier einige Ideen für eine bewegtere Zusammenkunft: Nur wer zweimal die Treppen hinauf läuft, darf mitmachen. Lassen Sie die Älteren von den Spielen ihrer Kindheit erzählen; die Kinder spielen diese dann nach. Der Tisch wird von allen Familienmitgliedern gemeinsam auf- und abgetragen – und zwar im Fersen- oder Zehengang. Wer etwas vom Nachtisch möchte, muss so lange wie möglich auf einem Bein stehen und dabei ein Lied singen. Nach dem Essen gibt es für alle einen ausgedehnten Spaziergang.

● Statt im Kino feiern Sie den nächsten Kindergeburtstag mit einer Rallye, Sackhüpfen, einer spannenden Schnitzeljagd, Eierlaufen oder Kegeln.

● Sport im Kreis der Familie macht nicht nur Spaß, sondern erzeugt auch viel Nähe: Nichts schweißt Sie mehr zusammen als ein gemeinsamer Kampf gegen andere Dreibeine (Dreibeinlauf) oder die familieneigene Zirkus-Vorführung.

● Vielleicht kennen Sie ja andere Familien, die Spaß an einem Familien-Kräftemessen hätten?

Bewegungsspiele

Für jede Gelegenheit und kein bisschen langweilig

Noch vor 100 Jahren waren vielerlei Bewegungsspiele für Kinder das A und O ihres Spielalltags – sie hatten schließlich auch kaum Alternativen. Wenn man heute unter Kindern nachfragt, kennen sie im Schnitt nur noch rund 20 verschiedene Bewegungsspiele, die sie häufig auch noch »langweilig« finden. Dass dies nicht der Fall sein muss, zeigt die nachfolgende Liste von bewährten Spielideen, die Sie für viele Gelegenheiten zu Rate ziehen können: Egal ob beim Kindergeburtstag oder beim Rumtoben für draußen, die folgenden Ideen machen Ihrem Kind und seinen Freunden sicher viel Spaß!

Spiel-Basics

Das müssen Sie wissen und beachten

Damit Sie und Ihr Kind immer den Durchblick haben, ob das Spiel für Sie passt, werden vor jedem Spiel die »Basics« geklärt:

● **Wie viele Kinder** müssen/können mitspielen?

● **Wie lange** dauert das Spiel?

● **Womit?** Welche Hilfsmittel bzw. Materialien benötigt man?

Alle Spiele sind für Grundschulkinder geeignet. Wer es etwas einfacher oder schwieriger haben will, ändert die Regeln einfach leicht ab.

Aufgereiht, fertig und los geht's auf Drachenjagd.

Drachenjagd

Wie viele? 6–12 Kinder
Wie lange? 5–15 Minuten
Womit? 1 Tuch

▶ Die Kinder stellen sich in einer Reihe hintereinander auf und legen ihre Hände jeweils auf die Schultern des Vordermanns. Alle zusammen sind nun ein großer Drachen, das vorderste Kind ist der Drachenkopf, das letzte Kind hinten der Drachenpopo.

▶ Der Drachenpopo, also das letzte Kind, bekommt ein Tuch, das es so hinten in Hose oder Rock steckt, dass möglichst viel davon heraushängt. Dies ist der Drachenschwanz.

▶ Nun geht's los: Der Drachenkopf muss versuchen, den Drachenschwanz zu fangen, ohne dass sich dabei die einzelnen »Drachenglieder« (= Kinder) loslassen.

▶ Hat der Drachenkopf den Schwanz gefangen, wird der Drachenkopf zum Drachenpopo, und der rasende Drachen kann wieder auf die Jagd. Wenn man eine Weile spielt, hat jedes Kind Gelegenheit, abwechselnd Kopf, Körper und Schwanz zu sein.

So wird das Spiel schwieriger

▶ Je kürzer der Tuch-Schwanz und je länger der Drachen, umso schwieriger wird die Jagd.

Krabbenkampf

Wie viele? ab 2 Kindern
Wie lange? 5–10 Minuten
Womit? nichts

▶ Zuerst müssen alle Kinder die Krabben-Laufstellung einnehmen: Sie setzen sich auf den Boden und heben ihren Po an, so dass sie auf Händen und Füßen stehen und der Po in der Luft schwebt.

▶ Jetzt versucht jede Krabbe, eine andere Krabbe dazu zu bringen,

Wessen Popo geht als Erster beim Krabbenkampf zu Boden?

Unter Krabben sind (fast) alle Mittel erlaubt

mit ihrem Po den Boden zu berühren. Das klappt beispielsweise gut durch Kitzeln, leichtes Schubsen oder Wegziehen von Händen oder Füßen.

▶ Wer mit seinem Po den Boden berührt, hat eine Muschel verloren. Wer drei Muscheln verloren hat, muss entweder im Krabbengang einmal die gesamte Gruppe umkrabbeln oder eine Minute Muschelsuch-Zwangspause einlegen.

TIPP!
Krabben haben keine Schuhe! Lassen Sie die Kinder deshalb vorher die Schuhe ausziehen. Das hat den Vorteil, dass Hände und Füße das Spiel unbeschadet überstehen.

Hase und Igel

Wie viele? ab 4 Kindern
Wie lange? 5 Minuten
Womit? Kreide

▶ Für dieses Laufspiel braucht man viel Platz, weshalb man es am besten draußen auf einem großen Platz oder einer ruhigen Straße spielt. Zeichnen Sie dafür auf den Boden eine lange Linie und etwa 15–20 m davon entfernt eine zweite Linie parallel zur ersten.

Funktioniert nur draußen und mit viel Platz!

▶ Die Kinder stellen sich nebeneinander hinter eine der beiden Linien. Auf ein Kommando laufen alle zur anderen Linie. Wer diese zuerst erreicht, ruft laut »Igel!« und hat nun erst einmal Pause.

TIPP!
Wenn die beiden Linien weit auseinander liegen, kann es nützlich sein, zusätzlich noch zwei Hilfslinien aufzumalen, damit keiner schummeln kann. Wer das Spiel besonders anstrengend haben möchte, zeichnet die Linien möglichst weit von einander entfernt auf. Immer nur laufen ist langweilig? Dann das Spiel abwandeln, indem die Strecke rückwärts, seitwärts oder im Pferdegalopp zurückgelegt wird.

Beim Ziehen der Linien sollten Sie den Kindern helfen

▶ Sobald die anderen Kinder das Wort »Igel« hören, laufen sie so schnell wie möglich zurück zur anderen Linie. Dort ruft das zuerst ankommende Kind wieder laut »Igel« und hat ebenfalls Igelpause. Die Hasenkinder stürmen wiederum zurück.
▶ Das Spiel dauert so lange, bis am Ende nur noch ein gejagter Hase übrig bleibt.

Alte Spiele – neu entdeckt

Kennt Ihr Kind alle Spiele Ihrer Jugend?

Wissen Sie noch, welche Spiele Sie in Ihrer Kindheit spannend fanden? Erinnern Sie sich an Fangen, Plumpsack, Katze und Maus, Seilspringen, Himmel und Hölle oder Verstecken? Natürlich sind das alles Spiele, die nicht nur wir, sondern bereits unsere Eltern so gespielt haben. Das heißt aber noch lange nicht, dass sie »verstaubt« sind! Mit ein wenig Fantasie lassen sich die meisten von ihnen vielfältig abwandeln und aktualisieren.

- **Eisfangen:** Das gefangene Kind muss in der Stellung erstarren, in der es vom Fänger getickt (berührt) wurde. Erst durch den Kontakt eines anderen Kindes, das auch auf der Flucht vor dem Eisfänger ist, kann es »aufgetaut« und somit befreit werden.
- **Brückenfangen:** Ein geticktes Kind bleibt mit weit geöffneten Beinen stehen und kann nur aus dieser Situation befreit werden, wenn ein anderes Kind, das auf der Flucht ist, durch seine Beine krabbelt.
- **Schattenfangen:** Ein Kind ist gefangen, wenn der Fänger auf seinen Schatten tritt. Es kann befreit werden, wenn der Schatten eines anderen Kindes, das auf der Flucht ist, seinen Schatten berührt.
- **Kettenfangen:** Wird ein Kind getickt, gibt es dem Fänger die Hand, und beide fangen als Kette so lange weiter, bis alle Kinder an der Kette hängen.
- **Ballticken:** Das Kind, das fängt, hat einen weichen Ball. Es versucht ein anderes Kind damit zu treffen, das durch den Treffer zum Fänger wird.

Diese Spiele machen Spaß, sind spannend und ohne große Ausrüstung durchführbar!

Ballspiele

Kinder lieben Ballspiele in allen Variationen. Es gibt jedoch immer wieder Kinder, die sich vor dem Ball und dem Fangen fürchten. Selbst für die Ball-Angsthäschen unter ihnen sind die folgenden drei Ballspiele kein Problem.

Ball im Ball: Lassen Sie sich überraschen, welche Flugbahnen Ihr Torkelball nimmt.

Torkelball

Wie viele? ab 1 Kind
Wie lange? 10–15 Minuten
Womit? Luftballons

Am besten gleich mehrere Bälle vorbereiten

▶ Bei den Vorbereitungen sollten Sie Ihrem Kind helfen: Stecken Sie einen kleineren Luftballon so in einen größeren, dass beide noch aufgeblasen werden können.

▶ Den inneren Ballon nun mit etwas Wasser füllen und gut verknoten. Den gefüllten Ballon ganz in den äußeren gleiten lassen und nun den äußeren Ballon aufblasen – und schon ist der Torkelball fertig.

▶ Mit diesem Torkelball sollte Ihr Kind versuchen, ausgewählte Ziele wie zum Beispiel Eimer, Kochtöpfe oder Bäume zu treffen. Es ist aber auch lustig, mit anderen Kindern »ganz normal« Ball zu spielen.

▶ Wenn Ihr Kind mit mehreren Kindern Torkelball spielt und sich die Kinder nach einigem Hin- und Herwerfen an das merkwürdige Verhalten des Balls gewöhnt haben, können sie die Übung noch etwas komplizierter gestalten: Die Kinder stellen sich mit zwei Torkelbällen im Kreis auf und werfen beide Bälle jeweils gleichzeitig auf ein Kommando. Wer den Ball nicht auffängt, verlässt den Kreis, so dass zuletzt sogar noch ein Torkelball-Gewinner gekürt werden kann.

TIPP!
Der Torkelball bleibt zwar lange heil, doch da der innere Ballon mit Wasser gefüllt ist, sollte man damit sicherheitshalber nicht in der Wohnung spielen.

Fangtuch

Wie viele? 2, 4, 6 … Kinder
Wie lange? 10–15 Minuten
Womit? großes Handtuch, 1 Ball oder 1 Luftballon

▶ 2 Kinder bilden jeweils ein Team. Sie fassen ein großes Handtuch an den Zipfeln, als ob sie es ausschütteln wollten. Dabei entsteht eine Art »Hängematte«, die als Fangtuch genutzt werden soll.

Den Ball hochzuwerfen ist nicht das Problem …

▶ Nun wird ein Ball beziehungsweise ein aufgeblasener Luftballon ins Fangtuch gelegt und hochgeworfen, indem das Handtuch ruckartig straff gezogen und leicht nach oben bewegt wird.

▶ Das Schwierige ist, den Ball mit dem Handtuch auch wieder aufzufangen. Wenn das Fangen geklappt hat, kann es schon wieder von vorn losgehen …

▶ Nach einigen Durchgängen bekommen die Kinder ein Gefühl dafür, wie der Ball beim Hochwerfen reagiert und wie man ihn am besten wieder auffängt. Wenn mehrere Kinderpaare gleichzeitig spielen, können sie versuchen, sich 1 oder 2 Bälle gegenseitig zuzuspielen.

TIPP!

Zuerst mit einem Luftballon üben – das ist einfacher und klappt auch in der Wohnung. Je kleiner das Handtuch und je schwerer der Ball, umso anstrengender und schwieriger wird das Spiel!

Wasserball-Weitwurf

Wie viele? ab 2 Kindern
Wie lange? 5–10 Minuten
Womit? Luftballons

▶ Einige Luftballons mit so viel Wasser füllen, dass die Kinder sie noch problemlos festhalten und fangen können.

▶ Die Kinder stellen sich zwei große Schritte voneinander entfernt gegenüber und werfen sich gleichzeitig die Wasserbälle zu. Wer den Ball gefangen hat, geht einen Schritt zurück. So wird die Distanz immer größer.

▶ Es wird so lange weitergeworfen, bis der Abstand irgendwann zu groß wird und der Ball auf den Boden fällt und kaputtgeht.

Varianten für Könner

▶ Für eine schwierige Variante dreht man sich nach dem Werfen einmal um sich selbst oder setzt sich hin, steht schnell wieder auf und fängt anschließend den Wasserballon.

Wichtig: Wasserball-Weitwurf bitte nur draußen, am besten an heißen Tagen und dann ohne Schuhe und Strümpfe spielen.

Spannende Ausflüge

Bewegte Abenteuer mit den Eltern erleben

Findet Ihr Kind Ausflüge auch aufregend und spannend? Kein Wunder, denn etwas Neues zu erleben und zu entdecken hat für Kinder nun einmal einen Hauch von Abenteuer. Ganz nebenbei kann sich Ihr Kind dann auch noch austoben.
Ausflugsziele gibt es viele, doch wie kann man den Ausflug für Kinder interessant und vielleicht auch noch »bewegt« gestalten? Hier finden Sie Anregungen, welche Ideen sich leicht und ohne größeren Aufwand verwirklichen lassen.

Abenteuer Meer

Fast jeder hat wunderbare Kindheitserinnerungen an sonnige Tage am Strand. Lassen Sie diese mit Ihrem Kind aufleben!

▶ Bauen Sie gemeinsam eine riesige Sandburg.

Ob Wanderungen für Forscher oder Sammler-Wettbewerbe – Spaß ist garantiert!

▶ Machen Sie eine ausgedehnte Wattwanderung, und vergessen Sie dabei nicht die Becherlupe! Es gibt unendlich viel Interessantes zu entdecken.

▶ Bei einer Strandwanderung können Sie den Wettbewerb »Wer findet die schönste/größte/kleinste Muschel« veranstalten. Lustig wird es, wenn Sie

Stapfen-Wandern spielen: Zuerst laufen Sie in den Fußstapfen Ihres Kindes, dann tauschen Sie.

Bewegung inklusive: Ein Tag am Meer regt zum Toben und Erkunden an.

▶ Gehen Sie gemeinsam schwimmen, und versuchen Sie dabei, kleine Kunststückchen zu veranstalten: Auf dem Rücken liegend müssen die Zehen mindestens 30 Sekunden aus dem Wasser herausragen.

▶ Warten Sie an der Wasserlinie auf die Wellen: Laufen Sie vor dem heranrollenden Nass davon, oder springen Sie einfach darüber.

▶ Wettbewerb der Baumeister: Wer schafft den höchsten Turm aus Sand?

▶ Wer ist der Familien-Champ im Dünen-Springen?

▶ Drachensteigen, Beachball und Boccia spielen macht ebenfalls riesig Spaß!

Abenteuer Zoo

Sie haben einen Ausflug in den Zoo geplant? Dann müssen Sie sich keinerlei Gedanken über die Organisation machen, da die Tiere, der Streichelzoo und der Spielplatz ganz sicher die Hauptattraktionen sein werden. Lange Fußmärsche von Gehege zu Gehege bringen dabei noch zusätzlich Bewegung ins Spiel!

Einen großen Zeitpuffer für den Spielplatz einplanen!

▶ Nutzen Sie aus, dass Sie Ihr Kind vermutlich kaum vom Spielplatz loseisen können, und lassen Sie es sich nach Herzenslust austoben. Planen Sie deshalb ausreichend Zeit zum Schaukeln, Klettern und Toben ein – und nutzen Sie diese Zeit für Ihre Erholung.

Abenteuer Wald

Ein Spaziergang im Wald muss überhaupt nicht langweilig sein

Waldspaziergänge müssen überhaupt nicht langweilig sein, wie unsere Beispiele zeigen:

▶ Suchen Sie sich einen Kletterbaum aus, und klettern Sie doch einmal gemeinsam!

▶ Balancieren Sie auf umgekippten Baumstämmen.

▶ Warum die Brücke oder den Steg nehmen? Hüpfen Sie heute einmal über die Gräben.

▶ Toben Sie den Trimm-dich-Pfad entlang, und machen Sie den Test: Wer schafft es, alle Übungen auszuführen?

TIPP!

Bei Ausflügen ist auch Ihr Kind sicher so aufgeregt und begeistert, dass es sein Übergewicht vergisst, sich mitreißen lässt und sich ausgiebig bewegt. Lassen Sie mal Ihre Fantasie spielen: Es fallen Ihnen bestimmt noch viele andere tolle Aktionen in den Bergen, in einem Spaßbad oder an einem See ein.

Voll im Trend – Inlineskating & Co.

Trendsportarten gab es schon immer: Sie kommen und sie gehen auch wieder, einige sind nur wenige Monate »trendy«, andere überdauern sogar eine Reihe von Jahren.

Besser einen Trendsport mit Elan ausüben als gar keinen Sport treiben

Der Vorteil von Trendsportarten ist, dass sie bei Kindern als besonders cool gelten, weswegen sie sich dann auch leichter dafür begeistern können.

Trendsportarten werden häufig mit Geldmacherei in Verbindung gebracht. Das mag zuweilen zutreffen, doch auch sie sind – vernünftig angewandt – für die Gesundheit unserer Kinder nützlich. Sechs der im Moment beliebtesten Trendsportarten stellen wir Ihnen im Folgenden kurz vor.

Sportart-Basics

Unsere Basics sorgen für guten Durchblick

Für den besseren Durchblick klären wir vorab die »Basics«:

- **Was** versteht man unter der Trendsportart tatsächlich?
- **Wofür** ist die Sportart gut, was genau wird trainiert?
- **Womit?** Welche Sportgeräte bzw. Hilfsmittel benötigt man?
- **Wo** wird sie angeboten?
- **Fazit!** Warum ist die beschriebene Sportart für dicke Kinder gut geeignet?

Dance for Fans

Was?
Beim Videoclip-Dancing, auch MTV-Move genannt, wird möglichst originalgetreu die Choreographie großer Stars nachgetanzt.
Wofür?
Trainiert Ausdauer, Beweglichkeit, Dehnbarkeit sowie die koordinativen Fähigkeiten.
Womit?
Keine Anschaffungen.
Wo?
In vielen Tanzschulen, Fitness-Studios, aber auch in »normalen« Vereinen.
Fazit!
Macht Kindern riesigen Spaß. Wählen Sie jedoch eine Gruppe, deren Durchschnittsalter dem Ihres Kindes entspricht. Wichtig: Die Tänze sollen vereinfacht und kindgerecht vermittelt werden.

Britney Spears lässt grüßen: Beim Singen und Tanzen kommt man ganz schön in Fahrt.

Cheerleading

Was?
Cheerleading kommt aus Amerika, wo das Publikum bei Football-Spielen mit Tänzen angefeuert wird. Dort hat es eine lange Tradition, ist inzwischen aber auch bei uns sehr beliebt. In Junior-Teams können Kinder ab etwa 8 Jahren eintreten.
Wofür?
Trainiert Ausdauer, Beweglichkeit und Dehnbarkeit, Kraft sowie die koordinativen Fähigkeiten.

Womit?
Kostüme sind nur für Auftritte und Wettbewerbe nötig und werden oft bezuschusst.
Wo?
Bei American-Football-Vereinen, inzwischen aber auch bei »normalen« Sportvereinen.
Fazit!
Da bei den Junior-Teams die Choreographien kindgerecht vereinfacht werden, kommen auch dickere Kinder gut mit.

Klettern

Was?
Geklettert wird im Fels und an künstlichen Kletterwänden.
Wofür?
Klettern trainiert vor allem Kraft und koordinative Fähigkeiten.

Womit?
Zuerst sind keine Anschaffungen nötig, später jedoch eigene Kletterschuhe sehr nützlich.
Wo?
Von den Alpenvereinen werden landesweit Kurse angeboten. Doch auch viele Sportvereine und Fitness-Studios haben eigene Kletterwände und bieten entsprechende Kurse an.
Fazit!
Da mit einfachen Aufgaben begonnen wird, ist Klettern auch für dicke Kinder gut zu erlernen. Anfangs kostet es sie manchmal Überwindung, sich von anderen Kindern sichern zu lassen. Ist diese Hürde jedoch überwunden, wächst das Vertrauen in den eigenen Körper und auch in die Kraft der anderen.

Sich von Gleichaltrigen sichern zu lassen ist für dicke Kinder oft erst unangenehm

Ein gelungener Aufstieg stärkt zusätzlich das Selbstbewusstsein.

Inlineskating

Was?
Das Gleiten auf Inlinern ist inzwischen zum echten Trendsport-Dauerbrenner geworden.
Wofür?
Trainiert werden Ausdauer, Kraft und koordinative Fähigkeiten.
Womit?
Inlineskates, die leider nicht billig sind. Einige Jugendtreffs und Vereine bieten kostenlose Leihskates an. Gebrauchte Skates in gutem Zustand tun es aber auch.
Wo?
Inwischen gibt es Kurse von speziellen Inline-Schulen und -Vereinen. Am »coolsten« ist es jedoch, sich einfach mit Freunden zum Skaten zu treffen.
Fazit!
Macht großen Spaß und ist sogar bei Gelenkproblemen gut geeignet, da auf die Gelenke keine Sprungbelastungen wirken.

Wichtig: Die Schuhe müssen unbedingt gut passen, sonst macht das Skaten keinen Spaß

Frisbee

Was?
Beim Dauer-Trendsport Frisbee wird mit einer Schaumstoff- oder Kunststoffscheibe geworfen. Beim Disc Golf wird – ähnlich wie beim Golf – auf Ziele im Gelände gespielt.
Wofür?
Frisbee trainiert Ausdauer, Koordination und die Kraft der Arme.
Womit?
Im Verein werden Frisbeescheiben meist gestellt, ansonsten ist Kaufen angesagt.
Wo?
Spezielle Frisbee-Vereine bieten Stunden an. Adressen über die Frisbee-Sportverbände.
Fazit!
Macht sowohl dicken als auch dünnen Kindern Spaß und belastet nicht einseitig. Für Kinder unter zehn Jahren ist Disc Frisbee oder einfaches Freestyle-Frisbee zu empfehlen.

Frisbee lässt sich aber auch mit den Freunden auf einer großen Wiese spielen

Rope Skipping

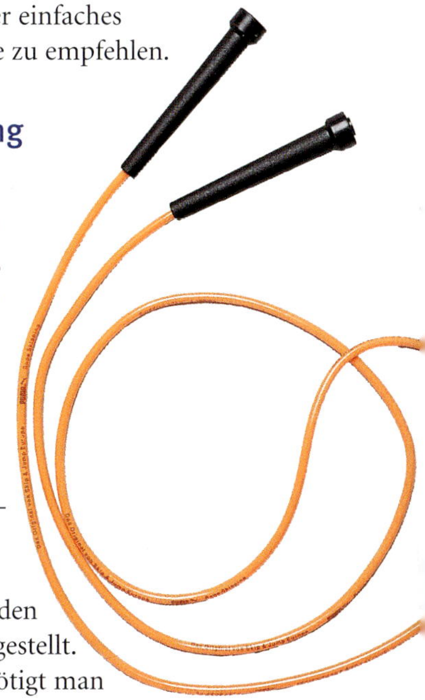

Was?
Seilspringen mit Kunststückchen, wahlweise allein oder mit extra langem Seil in einer Gruppe.
Wofür?
Trainiert Ausdauer, Koordination und Kraft.
Womit?
In Gruppen werden die Materialien gestellt. Andernfalls benötigt man ein hochwertiges Springseil.
Fazit!
Sehr anstrengend, macht aber auch viel Spaß. Bühnenreife Kunststücke stärken zudem das Selbstbewusstsein.

1

Bewegung macht Spaß:

- Tollen Sie von Zeit zu Zeit selbst mit Ihrem Kind draußen oder auch in der Wohnung herum – so vermitteln Sie am besten, dass Bewegung nicht Qual, sondern Spaß pur ist.
- Suchen Sie nach gleich gesinnten Eltern mit gleichaltrigen Kindern, und bieten Sie Ihren Kindern mit gemeinsamen Aktionen Spaß an der Bewegung an!

2

Ganz die Mama/der Papa:

- Warum sollte Ihr Kind sich bewegen, wenn Sie es auch nicht tun? Auch wenn Sie zu den Couchpotatoes gehören, geben Sie sich einen Stoß und leben Sie einen bewegten Alltag vor.
- Kleine Wettbewerbe in Sachen »Bewegung« machen Ihren Alltag spannend: Wer läuft am schnellsten die Treppen hoch? Wer kann beim Zähneputzen am längsten auf einem Bein stehen?

Die Top-Ten-Bewegungstipps

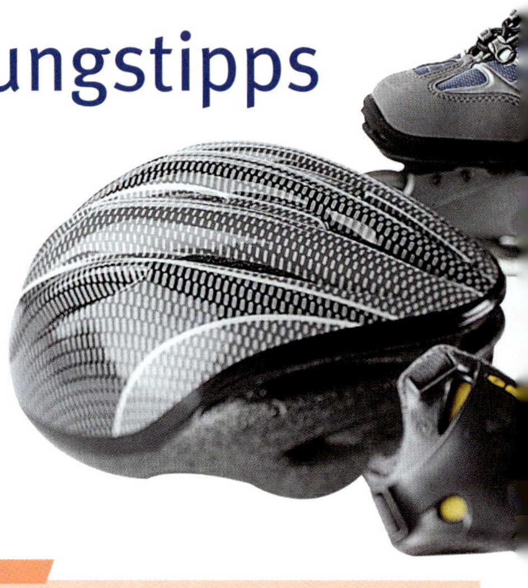

3

Mit Wake-up-Übungen den Tag beginnen:

- Im Bett liegen und zur Musik des Radioweckers Rad fahren macht nicht nur munter, sondern auch Lust auf mehr Bewegung.
- Der »Storch im Salat« macht schon das Zähneputzen zu einem Riesenspaß!

4

Langes Sitzen oft unterbrechen:

- Langes Sitzen lässt sich in der Schule und beim Hausaufgabenmachen kaum vermeiden. Gestalten Sie deshalb das Sitzen selbst so bewegungsreich wie möglich, indem Sie die Gelegenheit bieten, auf einen Gymnastikball zu wechseln.
- Wenn der Kopf vom vielen Sitzen ganz leer ist, helfen Überkreuz-Übungen, die beiden Gehirnhälften wieder auf Trab zu bringen.

5

Kind sucht Lieblingssportart:

- Ausführliche Listen mit den gängigsten Sportarten und – für Kinder mit Vorliebe für Trends – die interessantesten Trendsportarten können bei der Vorauswahl helfen.
- Wenn der erste Versuch im Sportverein nicht gleich klappt, trotzdem weitermachen: Vielleicht trainiert Ihr Kind lieber mit Kindern, die ebenfalls Gewichtsprobleme haben. Adressen hierzu finden Sie ab Seite 125.

6

Feiern mal ganz anders:

- Es muss nicht immer die Sitzfeier sein, bei der man sich von Mahlzeit zu Mahlzeit schleppt. Laden Sie einmal zu einer bewegten Familien- oder Freundesfeier ein, und zeigen Sie, wie man mit mehr Bewegung und weniger Kalorien viel Spaß haben kann!

7

Fitness für die ganze Familie:

- Lassen Sie Ihr Kind in Sachen Fitness nicht allein auf weiter Flur stehen. Wenn Eltern und Geschwister mitmachen, macht das nicht nur mehr Spaß, es spornt auch ungemein an!

- Bewegte Familienfeiern, gemeinsame Wanderungen oder eine Familien-Fahrradtour machen Spaß und festigen den Familienzusammenhalt.

8

Bieten Sie Alternativen zu Computer und TV:

- Beides komplett zu verbieten, ist nicht sinnvoll. Beschränken Sie Fernseh- und Computerkonsum Ihres Kindes auf eine genaue Stundenzahl pro Woche, die es sich dann selbst einteilen kann.

- Tauschgeschäfte können ebenfalls helfen: Für jede Stunde draußen herumtoben gibt es 30 Minuten zusätzliche Fernseh- oder Computerspielzeit.

9

Den Alltag aktiv gestalten:

- Lassen Sie öfter das Auto stehen, und gehen Sie zu Fuß oder nehmen das Fahrrad.

- Inliner sind ebenfalls eine gute Alternative, wenn es sich um kürzere Wege handelt. Die Schuhe für danach passen in jeden Rucksack!

10

Alte Spiele – kein bisschen verstaubt

- Überlegen Sie, welche Bewegungsspiele Sie als Kind gespielt haben, und erzählen Sie Ihrem Kind davon. Wahrscheinlich will es gleich das eine oder andere Spiel mit Ihnen ausprobieren.

- Fällt Ihnen dazu nichts ein? Keim Problem! Auf den Seiten 87–92 finden Sie jede Menge Tipps und Anregungen.

Gemeinsam sind Sie stark

Nur mit Ihrer Unterstützung kann Ihr Kind es schaffen, sein Ernährungs- und Bewegungsverhalten zu ändern – und dadurch langfristig sein Gewicht normalisieren. Manchmal ist der Fall jedoch auch komplizierter, so dass auf professionelle Hilfe nicht verzichtet werden kann. Wo Sie diese bekommen und wie Sie herausfinden, welche davon am besten zu Ihnen passt, erfahren Sie in diesem Kapitel. Zusätzlich erhalten Sie viele Ideen, wie Sie zusammen mit Kindergarten, Schule oder Verein in punkto »Gesunde Ernährung« und »Mehr Bewegung im Alltag« aktiv werden können.

Im Team geht's besser

Ihr Kind hat sich entschieden: Es soll sich etwas ändern

Ihr Kind hat sich entschlossen, dass etwas passieren soll: Vielleicht reicht es ihm aus, langfristig in sein Gewicht »hineinzuwachsen«, vielleicht möchte es aber auch ganz bewusst sein Gewicht reduzieren. Beide Varianten können nur funktionieren, wenn sich Ihr Kind darüber im Klaren ist, dass es, um dieses Ziel zu erreichen, prinzipiell etwas in seinem Leben ändern muss.

Sich ändern – eine schwierige Sache

Haben Sie selbst schon einmal versucht, von heute auf morgen etwas in Ihrem Leben grundlegend zu ändern? Dann wissen Sie, wie schwer das ist – und das gilt umso mehr für Kinder. Deshalb ist Ihr Kind auf Sie und Ihre Hilfe angewiesen. Jetzt liegt es bei Ihnen: Sie haben viele Möglichkeiten, Ihr Kind auf seinem Weg zu einem gesünderen Leben zu unterstützen und zu motivieren.

Mit Ihrer Hilfe kann Ihr Kind es schaffen

Am wichtigsten ist jedoch, dass Sie Ihrem Kind immer zeigen, dass Sie es jetzt, also auch als kleinen Dickie, lieben. »Du bist gut, so wie du bist. Ich habe dich immer lieb, ganz egal wie dick oder dünn du bist«.
So versteht Ihr Kind, dass es nur einen Teil seines Verhaltens ändern soll, nicht aber als Mensch infrage gestellt wird.

Auf den Einstieg kommt es an

Gehen Sie das Thema sensibel an

»Ich mache mir Sorgen um deine Gesundheit! Daher fände ich es prima, wenn wir gemeinsam etwas ändern könnten. Was hältst du davon?« Mit einem solchen oder ähnlichen Gesprächseinstieg erreichen Sie Ihr Kind, ohne es zu verletzen. Sie werden nun keine Probleme haben, Ihrem Kind zu erklären, warum Sie gemeinsam mit ihm etwas ändern möchten.

Motivation, was ist das?

Unter Motivation versteht man die Summe aller Beweggründe, die uns anspornen, etwas zu tun. Hierbei werden grundsätzlich zwei Arten der Motivation unterschieden.

Extrinsische Motivation

Zu Beginn motivieren Sie Ihr Kind ...

Darunter versteht man eine Motivation, die von außen kommt. Das heißt in Ihrem Fall, dass Sie und Ihre Umgebung Ihr Kind motivieren, wie es etwa folgende Beispiele zeigen:

- Ihr Kind geht zum Schwimmen, weil die ganze Familie geht und es nicht allein zu Hause bleiben darf.
- Ihr Kind verzichtet eine Woche (freiwillig) auf Computerspiele, weil als Belohnung ein Zoo-Besuch winkt.
- Ihr Kind isst jeden Tag seine fünf Portionen Obst und Gemüse, weil es nur dann ein Stück Schokolade essen darf.

Sie sehen, das Kind geht zwar aus »freien Stücken« auf die Anregungen ein, doch wenn man ehrlich ist, hätte es ohne Ihre Motivation kaum eine Chance, seine Ziele zu verfolgen. Völlig anders sieht das bei der zweiten Art der Motivation aus.

Intrinsische Motivation

... später motiviert Ihr Kind sich selbst

Hierunter versteht man eine Motivation, die von innen heraus kommt. Die Basis dafür kann durch extrinsische Motivation vorbereitet werden:

- Nach einigen Schwimmbadbesuchen stellt Ihr Kind fest, dass ihm Schwimmen Spaß macht.
- Irgendwann wird Ihr Kind vielleicht Ihnen gegenüber zugeben, dass auch gesundes Essen lecker schmecken kann.
- Es wird sich nicht mehr bewegen, weil es von Ihnen dazu angetrieben wird, sondern weil es das Gefühl danach genießt und prima findet, dass es erst im vierten Stock aus der Puste kommt.

Zu Beginn sind Sie gefordert

Aller Anfang ist schwer

Besonders zu Beginn einer Verhaltensänderung ist die Motivation meist extrinsisch. Das heißt für Sie als Eltern, dass Sie in dieser Phase besonders gefordert sind und sich mehr einsetzen müssen. Aber irgendwann macht es bei Ihrem Kind »klick«: Es erkennt, dass Obst schmeckt und Fußball Spaß macht. Danach werden Sie Schritt für Schritt entlastet. Es wird jedoch Dinge geben, die Sie Ihrem Kind vielleicht nie »schmackhaft« machen können: Manche Kinder mögen eben keine Äpfel, trinken nie Tee und fanden Schwimmen schon immer blöd.

Lassen Sie Ihrem Kind die eine oder andere Eigenart. Vielleicht steckt in ihm nicht der große Schwimmer, sondern ein begeisterter Wanderer, vielleicht kann es sich für Schorle begeistern oder zieht Kiwis den Äpfeln vor.

Gemeinsame Ziele gemeinsam umsetzen

Es würde wenig Sinn machen, wenn Sie Ihrem Kind gegenüber als »Bestimmer« aufträten. Es würde »bocken«, und vielleicht schliche sich schnell das Gefühl ein: »Die wollen mich anders haben. Das heißt also, ich bin nicht gut so, wie ich bin«. Sie haben wesentlich größere Chancen, dass Ihr Kind mit Ihnen am gleichen Strang zieht, wenn Sie gemeinsam mit ihm entscheiden …

Besprechen Sie Ihre Ziele in aller Ruhe

- dass sie etwas Wichtiges ändern möchten,
- was im Einzelnen Sie ändern möchten, und
- wie Sie das anstellen wollen.

Tatsache ist, dass sich gemeinsame Ziele einfach auch besser erreichen lassen, wenn man nicht allein auf weiter Flur kämpft.

Schritt für Schritt

Ihr gemeinsames Endziel ist klar. Doch das liegt im Moment noch in weiter Ferne, weshalb Sie sich erst einmal kleine Etappenziele suchen sollten. So verschaffen Sie Ihrem Kind immer wieder Erfolgserlebnisse, zumal niemand erwartet, dass Ihr Kind von heute auf morgen alles ändert. Überlegen Sie, was sich ändern muss, und teilen Sie das Vorhaben in einzelne Schritte ein. Diese sollten Sie zusammen mit Ihrem Kind schriftlich festhalten. Wenn eine neue Verhaltensweise problemlos klappt, kann sie aus dem Plan herausfallen. Wichtig ist, dass Sie sich gemeinsam auf die für Sie wichtigsten Ziele einigen. Doch Vorsicht: Eine Liste mit zwanzig Punkten wirkt wie ein unüberwindbarer Aufgabenberg. Drei oder vier Aufgaben dagegen stellen eine kleine, machbare Herausforderung dar.

Etappenziele erleichtern den langen Weg

Der Familien-Wochenplan

Um Ihrem Kind zu zeigen, dass Sie von den vorgeschlagenen Punkten und Ihrer Vorgehensweise vollkommen überzeugt sind, sollten Sie für jedes Familienmitglied einen derartigen Plan aufstellen. So leben Sie Ihrem Kind vor, dass es normal ist, an sich zu arbeiten – ein besseres Vorbild gibt es nicht.

Und alle Familienmitglieder machen mit!

Kontrolle ohne erhobenen Zeigefinger

Leider fällt Ihnen als Eltern die undankbare Aufgabe zu, Ihr Kind zu beobachten und zu kontrollieren. Loben Sie es, wenn es sich bemüht, die Aufgaben zu erfüllen. Und natürlich ist

Mit Plan geht vieles leichter!

Hier ein Beispiel dafür, wie ein 4-Wochen-Plan aussehen könnte:

1. Woche

▶ Ich esse mindestens drei Portionen Obst und Gemüse am Tag und trinke täglich einen Liter Mineralwasser.

▶ Ich benutze statt des Aufzugs nur noch die Treppen.

2. Woche

▶ Ich esse fünf Portionen Obst und Gemüse am Tag.

▶ Ich trinke nur noch zwei Liter Cola pro Woche und kann sie mir selbst einteilen.

▶ Für jede Stunde vor dem Fernseher oder Computer gehe ich eine halbe Stunde toben.

3. Woche

▶ Ich trinke nur noch einen Liter Cola in der Woche. Ich kann mir die Cola selbst einteilen.

▶ Ich esse jeden Tag eine große Portion Kartoffeln, Reis oder Nudeln.

▶ Ich kann jede Woche drei Stunden vor dem Computer, dem Videospiel oder dem Fernseher sitzen. Ich kann mir die Zeit frei einteilen.

4. Woche

▶ Ich esse jeden Tag etwas Käse, Quark oder Joghurt.

▶ Ich esse einmal pro Woche Fisch.

▶ Ich gehe zweimal wöchentlich zum Schwimmen ins Freibad.

▶ Ich fahre mit dem Fahrrad zu meinen Freunden.

Ihr Kind hat alle Aufgaben mit Bravour gemeistert? Belohnen Sie es mit dem Kostbarsten, was Sie ihm geben können: Ihrer Zeit. Gehen Sie gemeinsam ins Kino, in den Zoo, oder gönnen Sie sich einen Spiele-Nachmittag – natürlich alles mit viel Zeit zum Quatschen und Lachen!

Und wie sieht Ihr Wochenplan aus?

auch dann ein dickes Lob angesagt, wenn ihm dies gelingt. Kontrollieren Sie möglichst freundschaftlich, und vergessen Sie unbedingt den berühmten erhobenen Zeigefinger.
Damit Ihr Kind seine Fortschritte selbst sieht, kann es z. B. eine eigene Strichliste führen. Für Sie entfällt dadurch lästiges Nachfragen und Ermahnen – und das würde Ihr Kind sowieso nur nerven und schnell in eine ablehnende Haltung zwingen.
Es gibt aber noch weitere Möglichkeiten, Ihrem Kind einen Teil der Kontrolle zu übertragen: die Wunschpunkte.

Selbstkontrolle – wenn's klappt, eine Super-Lösung

Selbstkontrolle als lohnendes Spiel – für Ihr Kind!

Wunschpunkte

Die Wunschpunkte helfen Ihrem Kind, seine Verhaltensänderungen selbstständig zu kontrollieren. Sie sind gleichzeitig aber auch ein Anreiz, die neue Lebensweise »durchzuhalten«.

- Ihr Kind erhält für jeden Tag, an dem es eine Aufgabe erfüllt hat, einen Wunschpunkt. Schafft es in einer Woche alle Aufgaben, bekommt es einen Extra-Wunschpunkt.
- Wunschpunkte können Stempelbilder, Aufkleber, Murmeln oder selbst gemalte Smileys sein. Die Wunschpunkte kann Ihr Kind direkt neben die erfüllten Ernährungs- oder Bewegungs-Aufgaben des Wochenplans kleben, Murmeln können in einem Glas gesammelt werden. So ist der Wunschpunkte-Stand immer vor Augen.
- Führen Sie Spezial-Wunschpunkte ein. Für eine Extra-Portion Toben, Spielen oder Rennen bekommt Ihr Kind zusätzlich einen Wunschpunkt.
- Überlegen Sie zu Beginn der Wunschpunkt-Aktion gemeinsam, wogegen Ihr Kind die Wunschpunkte eintauschen könnte: Die Belohnungen müssen ein Anreiz sein, sollen aber gleichzeitig einen gewissen finanziellen und zeitlichen Rahmen nicht überschreiten.
- Legen Sie deshalb fest, dass ganz besondere Belohnungen (z. B. ein Besuch im Freizeitpark) nur ein- oder zweimal im Jahr zur Verfügung stehen.
- Je nach Sammler-Mentalität kann Ihr Kind bereits kleine Punkt-Summen eintauschen oder seine Wunschpunkte für besondere »Highlights« sparen.
- Eine Wunschpunkt-Tauschliste kann z. B. so aussehen:

Flummi	5 Punkte
Barbie-Kleid	5 Punkte
20 Minuten fernsehen oder am Computer spielen	5 Punkte
Radtour mit den Eltern	5 Punkte
Spiele-Nachmittag	5 Punkte
Neue Frisbee-Scheibe	10 Punkte
Neuer Fußball	15 Punkte
Kino-Besuch	20 Punkte
Übernachtung im Garten	30 Punkte
Ausflug in den Freizeitpark	50 Punkte

Nur starke Kinder werden fitte Kinder

Ihre Aufmerksamkeit, Liebe und vor allem seine Erfolgserlebnisse machen Ihr Kind stark und geben ihm das nötige Rückgrat, um mit Misserfolgen umgehen zu können. Denn genau die lassen sich bei der Gewichtskontrolle kaum vermeiden.

Je mehr Ihr Kind über Ernährung und Bewegung weiß, umso leichter kann es Dinge akzeptieren

Daher ist es wichtig, dass Sie Ihr Kind zuerst in spielerischer Art und Weise an die Themen Ernährung und Bewegung heranführen. So weiß Ihr Kind, warum gewisse Dinge nötig sind, um sein Gewicht zu reduzieren. Es weiß aber auch, dass man sie beibehalten muss, wenn der Erfolg einmal ausbleibt.

Fit in Sachen Ernährung

Es gibt viele Möglichkeiten, Ihrem Kind gesundes Essen schmackhaft zu machen. Eine lockere und entspannte Esssituation mit der ganzen Familie, Mahlzeiten, die wenigstens einmal am Tag gemeinsam zelebriert werden, sowie einfache Spiele rund ums Thema Ernährung können der Einstieg in ein gesundes Essverhalten sein.

Genießen und satt werden – darauf kommt es an

Wie sieht eine typische Esssituation in Ihrer Familie aus? Wird während des Essens Radio gehört, ferngesehen oder gelesen? Tatsächlich ist es sehr schwierig, sich neben dem Essen noch auf eine zweite Tätigkeit zu konzentrieren: Entweder Sie genießen ganz bewusst Ihr Essen – oder lesen die Zeitung. Beides zusammen ist fast unmöglich.

Beim Essen auf Ablenkung verzichten ...

Sie sind der Meinung, dass die Nahrungsaufnahme doch ganz automatisch erfolgt, dass man kaum noch hinsehen muss, wenn man die Gabel in den Mund schiebt? Das mag stimmen, doch beispielsweise ist die Wahrnehmung des Sättigungsgefühls das wichtige Stopp-Signal für die Nahrungsaufnahme. Das heißt im Klartext:

... um sich voll und ganz darauf zu konzentrieren

Nur wenn Sie und Ihr Kind Ihr Essen wahrnehmen und genießen, können Sie auch erspüren, wie Sie langsam satt werden. Machen Sie die Probe aufs Exempel: Essen Sie gemeinsam mit Ihrem Kind ein Stückchen Schokolade. Lassen Sie es ganz genüsslich auf der Zunge zer-

Einmal am Tag gemeinsam in Ruhe essen und reden ist das Minimum.

gehen, und seien Sie ehrlich: Das schmeckt viel besser als eine halbe Tafel, die vor dem Fernseher nebenbei verdrückt wird!

Machen Sie Mahlzeiten zu Ritualen!

Rituale erleichtern das Familienleben

Warum ein gemeinsames Mahl nicht einmal am Tag zelebrieren? Wenn sich die Familie am liebevoll gedeckten Tisch versammelt, ist das eine perfekte Gelegenheit, um sich gegenseitig von seinem Tag zu berichten. Reihum erzählt jeder von seinen Erlebnissen. Hierzu kann alles gehören, was der Einzelne als besonders lustig, traurig, schön, aufregend oder auch langweilig empfunden hat. Das gemeinsame Essen wird hierbei zur Familien-Informationszentrale und bleibt so für alle interessant. Und natürlich ist noch genügend Muße da, um das Essen in vollen Zügen zu genießen!

Tipps fürs Kind

Falls Ihr Kind noch nicht in Ruhe genießen kann ...

Mit den folgenden Anregungen fällt es Ihrem Kind vielleicht noch leichter, seine Mahlzeiten entspannt einzunehmen:

- Während des Essens sollte Ihr Kind genügend Ruhe haben, um zu fühlen, zu schmecken, zu hören und zu sehen. So wird Essen zum Genuss.
- Während der Mahlzeiten steht das Essen im Mittelpunkt und nicht etwa Fernseher, Radio, Zeitung oder Telefon.
- Wenn Ihr Kind satt ist, muss es nicht weiteressen, Reste dürfen ohne Rüge auf dem Teller liegen bleiben.
- Lebensmittel sind keine Erziehungsmittel – belohnen und bestrafen Sie Ihr Kind damit also nicht.
- Während des Essens ist Familien-Talk angesagt – »Problem-Themen« wie schlechte Zensuren sollten Sie bei Tisch aber außen vor lassen.
- Führen Sie, zumindest einmal am Tag, den Esstisch als Familientreffpunkt ein – das ist auch von älteren Kindern nicht zu viel verlangt.

Die Küche gehört in Kinderhände

Je mehr Sie Ihr Kind in punkto Ernährung miteinbeziehen, umso mehr wird es über den Umgang mit Lebensmitteln lernen. Und dazu gehört eben auch, dass Kinder von Zeit zu Zeit selbst kochen dürfen.
Die einzelnen Aufgabenfelder variieren von Alter zu Alter:

Je mehr Kinder über Produkte wissen, umso vernünftiger gehen sie damit um

Für kleine Kinder ist es bereits eine Herausforderung, die Milch im Supermarkt zu suchen – und zu finden. Kann Ihr Kind bereits lesen, können Sie ihm für kleine Einkäufe einen Einkaufszettel schreiben. Wenn Sie die Einkäufe in einem Geschäft bekommen, das Sie oft besuchen und das klein und übersichtlich ist, können Sie Ihr Kind durchaus auch einmal allein in den Laden gehen lassen. Wahrscheinlich meistert es den Einkauf mit Bravour!

Die Frühstücksmacher

Lassen Sie Ihr Kind doch einmal allein das Familien-Frühstück vorbereiten. Nur beim Umgang mit kochendem Wasser und der Brotschneidemaschine sollten Sie jüngeren Kindern zur Hand gehen.
Freuen Sie sich jetzt schon darauf, wenn ihr Kind Ihnen sein erstes selbst bereitetes Frühstück präsentiert – wahrscheinlich wird es vor Stolz fast platzen!
Selbst wenn anfangs vielleicht nur Teller, Becher, Messer und sein eigener Lieblingskäse auf dem Tisch stehen, sollten Sie Ihr Kind loben. Vielleicht können Sie dann ja gemeinsam überlegen, was sonst noch fehlt. Doch Ihr Kind wird schnell lernen, so dass nach und nach Mamis Lieblingsaufstrich, die Milch für Papis Kaffee oder das frische Obst für das Müsli dazukommen werden.

TIPP!

Kinder kochen selbst

Stöbern Sie in einer Buchhandlung mit einer gut sortierten Kochbuch-Abteilung. Dort finden Sie sehr schöne Kochbücher, die sich speziell an Kinder wenden und Lust aufs Selbermachen wecken.
Trauen Sie Ihrem Kind beim Kochen ruhig etwas zu: Fünfjährige können beispielsweise bereits Kartoffeln schälen, ein Spiegelei braten oder einen Salat zerkleinern und mit selbst gemachtem Dressing versehen. Ganz wichtig: Stehen Sie Ihrem Kind mit Rat und Tat zur Seite, wenn Sie darum gebeten werden.

Trauen Sie Ihrem Kind etwas zu – es wird Sie nicht enttäuschen

Meister sind noch nie vom Himmel gefallen

Der Kräutergärtner

Legen Sie gemeinsam mit Ihrem Kind einen Kräutergarten an. Das kann, muss aber nicht im Garten sein. Auch auf dem Balkon oder auf der Fensterbank gedeihen die grünen Helfer gut. Beobachten Sie Ihre grünen Kraftwunder gemeinsam vom Aussäen bis zur Ernte.

Für Kinder besonders gut zu handhaben sind so genannte Saatscheiben, bei denen die Samenkörner im richtigen Abstand eingearbeitet sind. Sie müssen nur noch in einen Topf gelegt, mit Erde bedeckt und gegossen werden. Besonders schnell wachsen Sprossenbeete – so können Sie schon bald ein Brot mit Magerquark und frischer Kresse genießen.

Kleiner Feinschmecker-Test: Erkennt Ihr Kind Basilikum schon am Geruch?

Das Restaurant-Spiel

Spielen Sie an einem Tag, an dem Sie viel Zeit haben, Restaurant. Überlassen Sie es Ihrem Kind, Menükarten, Platzschildchen (beides selbst gemalt, geschrieben oder geklebt), Servietten, Sitzordnung, Dekoration und Ähnliches auszusuchen und zu arrangieren. Ihr Kind wird mit Sicherheit einen fantasievollen, bunten Tisch zaubern.

Die eigene Erfahrung ist der beste Lehrer

Ernährung ganz spielerisch

Die Auswahl an Spielen zum Thema Ernährung ist fast unerschöpflich. Einige Spiele, wie beispielsweise ein Geruchs-Memory, gibt es zu kaufen, andere Materialien erhalten Sie bei den im Anhang genannten Organisationen (siehe Seite 125). Hier einige spannende Ideen für alle Tage, für verregnete Nachmittage und sogar für Kindergeburtstage.

Blinde Kuh

Verbinden Sie Ihrem Kind die Augen, und lassen Sie es durch Tasten ein Lebensmittel erraten. Dann sind Sie dran.

Feinschmecker

Mit allen Sinnen auf Entdeckungsreise

Verbinden Sie Ihrem Kind die Augen, und lassen Sie es an verschiedenen Gewürzen, Kräutern, Obst- und Gemüsesorten riechen und schmecken. Bereiten Sie eine Auswahl vor Spielbeginn vor.

Collage

Ihrem Kind fällt es noch schwer, bei der gesunden Mischkost den Überblick zu behalten? Zeichnen Sie eine Ampel auf ein großes Blatt Papier (siehe Seite 28 f.). Sammeln Sie gemeinsam die Bilder verschiedener Nahrungsmittel, und lassen Sie Ihr Kind sein Lieblingsessen malen. Ordnen Sie die Bilder gemeinsam den einzelnen Ampelphasen zu. Die fertige Collage können Sie an einen für alle Familienmitglieder gut sichtbaren Platz in Ihrer Küche hängen.

Wenn die ganze Familie mitmacht, ist's noch lustiger

Zuckerraten

Wissen Sie, wie viel Zucker in Lebensmitteln enthalten ist? Raten Sie doch einmal zusammen mit Ihrem Kind, und vergleichen Sie Ihre Schätzungen mit der Tabelle unten.

Gutscheine

Basteln Sie selbst Gutscheine für Fast Food bzw. süße oder fette Leckereien. Am Wochenbeginn bekommt Ihr Kind eine gewisse Anzahl, die es sich allerdings selbst einteilen muss. Vorsicht: Lassen Sie sich nicht um den Finger wickeln, wenn bereits nach zwei Tagen alle Gutscheine verbraucht sind.

Zuckerverstecke erraten!

Lebensmittel enthält …	Stück Würfelzucker
250 g Gummibärchen	65
1 Liter Cola	35
1 Liter Limonade	40
1 Liter Eistee	35
1 Flasche Ketchup (800 g)	80
125 g Kinderjoghurt	7
125 g Kinderquark	8
1 Schokokuss	5
1 Kinder-Milchschnitte	5
1 Tafel Schokolade	18

Augenschmaus

Essen muss nicht nur schmecken, sondern auch gut aussehen, da vor allem Kinder mit den Augen essen. Dekorieren Sie den Teller mit kleinen Beilagen, verwenden Sie Lebensmittelfarben, legen Sie Gesichter aus Obst- oder Gemüseschnitzen, wählen Sie ungewöhnliche Formen oder buntes Geschirr …

Namen

Überlegen Sie sich gemeinsam lustige Namen für die Lieblingsgerichte Ihres Kindes. Sie können daraus auch ein Spiel machen: Welches Familienmitglied findet den lustigsten Namen?

Fit in Sachen Bewegung

Für Bewegung begeistern …

Auch für das Thema Bewegung gilt das Motto »Gewusst wie«, wenn es darum geht, Ihr Kind fürs Herumtollen zu begeistern oder die passende Sportart zu finden. Viele neue und spannende Ideen dazu finden Sie auch im Kapitel »Bewegung« (siehe Seite 66 ff.).
An dieser Stelle geht es nun weniger um die konkreten Übungen, sondern vielmehr darum, wie Sie Ihrem Kind vermitteln können, dass Bewegung nicht öde oder anstrengend ist, sondern einfach nur Spaß macht.

… gelingt auch Ihnen

Auch hier gilt, dass zu Beginn der Umstellung auf ein bewegtes Leben Sie als Eltern diejenigen sein werden, die die ganze Motivationsarbeit zu bewältigen haben. Doch keine Sorge, Ihr Kind wird schnell merken, dass ihm die verordnete Bewegung gut tut und zudem noch Spaß macht. In diesem Fall wird aus der extrinsischen Motivation ganz schnell eine intrinsische (siehe dazu Seite 103).

Bewegung ganz spielerisch

Natürlich können Sie auch in diesem Bereich mit dem Wunschpunktesystem arbeiten (siehe Seite 106). Wichtig ist, dass Sie Herumtollen und Bewegung, die von Ihrem Kind allein, also nicht von Ihnen ausgehen, besonders berücksichtigen und entsprechend belohnen. Geben Sie Ihrem Kind dafür zum Beispiel fünf Extra-Wunschpunkte oder erfüllen Sie ihm einen Spielwunsch – am besten natürlich gemeinsam draußen und in bewegter Form.
Es gibt aber noch zahlreiche andere Möglichkeiten, wie Sie mit wenig Aufwand bei Ihrem Kind viel bewirken können.

Quatschnamen

Denken Sie sich lustige Namen aus für Übungen, die Sie gemeinsam mit Ihrem Kind machen möchten – der Storch im Salat (siehe Seite 74) ist hier noch nicht das Ende aller sprachlichen Möglichkeiten. Vielleicht erfindet Ihr Kind ja auch zuerst einen neuen Namen und überlegt sich dazu dann eine passende Übung?

Medaillen und Prämien

Wer gut ist, muss unbedingt ausgezeichnet werden!

Was ist schon ein einfaches »Gut gemacht« gegen eine tolle Urkunde oder Medaille mit viel Glitter und Glitzer, die vielleicht noch von einer Schleife geziert wird? Doch damit nicht genug: Natürlich sollte die Treppenrenn-Meisterschaft mit einer Runde Durchkitzeln nicht unter zwei Minuten belohnt werden. Oder vielleicht gibt es zum Wanderabzeichen auch noch ein kleines, lang ersehntes Buch zum Entspannen danach. Wer das Skaten- und Bremsenkönnen-Abzeichen bestanden hat, wird mit seinem Lieblingsspiel nicht unter einer Stunde belohnt – mit der ganzen Familie, versteht sich. Oder, oder … Ideen gibt es unglaublich viele, wenn Sie sich dazu erst einmal Gedanken machen!

Tricks gegen Langeweile

Auch hier helfen bewährte Spiele und Lieder

Wenn Kinder bei eintönigen Bewegungsarten wie spazieren gehen oder Wandern anfangen zu nörgeln und zu quengeln, hilft manchmal nur noch Ablenken. Kennen Sie aus Ihren Kindertagen noch das Schritte-Zähl-Spiel? Zählen Sie Ihre Schritte bis zu 10, 20 oder eben so weit Ihr Kind zählen kann. Wenn die Zählgrenze erreicht ist, bleiben Sie stehen und machen zu dem folgenden Reim die passenden Bewegungen mit den Beinen: »Vorwärts, rückwärts, seitwärts, ran, hoch, runter, zickzack«. Und schon geht es wieder von vorn mit dem Zählen los. Vor allem kleinere Kinder finden das witzig und kringeln sich dabei meist vor Lachen.
Ein echter Klassiker unter den Ablenkungsmanövern ist das Singen. Egal ob Kinderlieder oder Chart-Stürmer – verlassen Sie sich auf Ihr Kind, ihm wird mit Sicherheit etwas einfallen. Wenn Ihre Kreativität dennoch gefragt ist, schauen Sie sich doch einfach einmal um: Die herumzwitschernden Vögel könnten Sie zum Singen der »Vogelhochzeit« inspirieren, Baumwanzen auf den Blättern zum Evergreen »Auf der Mauer …«. Möglichkeiten gibt es viele, man muss sie nur nutzen.

Probleme sind zum Lösen da

Probleme als Aufgaben betrachten

Probleme sind eigentlich nichts anderes als Aufgaben, die man lösen kann. Manche dieser Probleme scheinen – im Moment jedenfalls – kaum lösbar, andere machen schlicht und einfach Angst. Das ist ganz normal und bedeutet nicht, dass Sie oder Ihr Kind versagt haben. Ganz im Gegenteil – nur wer ehrlich zu seinen Gefühlen (auch den unangenehmen) steht, kann an ihnen arbeiten. Sie und Ihr Kind sind also gerade auf dem besten Weg zur Lösung.

Heimlich & Co.

»Mein Kind isst heimlich«, »Mein Kind kauft sich von seinem Taschengeld immer nur Schokolade und Chips«. Das sind typische Äußerungen geplagter Eltern. Unser Tipp: Nicht schimpfen, sondern das Problem gemeinsam am Schopf packen und einen Ausweg suchen. Fragen Sie Ihr Kind in einem ruhigen, vertrauensvollen Moment, warum es heimlich isst. Vielleicht hat es Angst, dass Sie schimpfen, weil es sich nicht an die Regeln gehalten hat?

Probleme erst einmal hinterfragen …

Erklären Sie Ihrem Kind, dass es darum nicht geht, dass Sie es natürlich auch lieb haben, wenn es ungesunde Dinge oder zu viel isst. Aber weisen Sie Ihr Kind auch darauf hin, dass Ihnen seine Gesundheit sehr am Herzen liegt, eben gerade weil Sie es so lieb haben.

Eine Strategie, die hilft

… und realistische Teilziele für die Lösung bieten

Erfahrungen haben gezeigt, dass folgende Strategie am besten hilft: Stecken Sie Ihrem Kind realistische Ziele, führen Sie eine flexible, keine rigide Kontrolle mit Gutscheinen ein, und lassen Sie ihm die Möglichkeit, sich seine Naschereien selbst einzuteilen. Bei fast allen Kindern lässt das Heimlichessen dann nach einiger Zeit nach.
Wenn sich trotz dieser bewährten Vorgehensweise nichts ändert und Ihr Kind immer noch heimlich isst, sollten Sie sich nach professioneller Hilfe umsehen. Außen Stehende sehen oftmals mehr als Betroffene und finden in Problemsituationen manchmal einen besseren Draht zu den Kindern. Sie können dementsprechend leichter eingreifen.

Im Extremfall nicht nachgeben

Manchmal ist Hartbleiben angesagt – auch wenn's schwer fällt

Legt Ihr Dickie trotz aller Bemühungen sein Taschengeld weiterhin ausschließlich in Naschereien an, ist vor allem eines wichtig: Bleiben Sie, nachdem das wöchentliche/monatliche Taschengeld aufgebraucht ist, auch bei hartnäckigem Betteln konsequent: Es gibt einfach keinen weiteren Zuschuss oder eine Taschengelderhöhung! Ihr Kind muss ohnehin lernen, sein Geld gut einzuteilen. Und wer nicht darauf verzichten will, sein Geld in Naschereien anzulegen, kann sich eben nichts anderes kaufen. Bitten Sie in diesem Fall auch Verwandte und Bekannte, Ihrem Kind kein weiteres Geld zuzustecken.

Warum tut mein Kind das?

Gehen Sie den Dingen auf den Grund

Auf Seite 40 finden Sie ein Ernährungsprotokoll. Kopieren Sie es, erklären Sie Ihrem Kind den Gebrauch und lassen Sie Ihr Kind jeden Tag seine Eintragungen machen. Wichtig ist, dass Ihr Kind sich notiert, wie seine Stimmungslage während der Mahlzeiten ist. Nach ein bis zwei Wochen können Sie sich bereits einen guten Überblick über die Ernährungssituation Ihres Kindes machen. Vergleichen Sie die Einträge mit den Empfehlungen in den entsprechenden Kapiteln, dann werden Sie schnell sehen, was Sie gemeinsam ändern können. Achten Sie besonders auf die Stimmungen Ihres Kindes beim Essen. Wann und warum isst Ihr Kind?

Isst Ihr Kind …

- …wenn Sie geschimpft haben?
- …wenn es traurig ist?
- …wenn es wütend ist?
- …wenn es Trost sucht?
- …wenn es Angst hat?
- …wenn es frustriert ist?
- …wenn es unruhig ist?

Wut, Angst, Unruhe – nur einige der möglichen Ursachen.

Diese Analyse ist wichtig: Wenn Essen für Ihr Kind wichtig ist, um seine Gefühle zu kontrollieren, kann dies der erste Schritt zu einer Essstörung sein.

Doch nicht bei meinem Kind!

Essstörungen

Seien Sie beruhigt: Essstörungen sind seltener, als Sie vielleicht denken. Allerdings treten bei vielen Kindern und Jugendlichen einzelne Symptome einer Essstörung auf. Die Ursache dafür ist oftmals ein gestörtes Körperbild.
Bei dicken Kindern und Jugendlichen können folgende drei Essstörungen auftreten:

- Restrained Eating
- Binge Eating Disorder
- Bulimie

Eindeutige Symptome? Ab zum Arzt!

Im Folgenden werden die einzelnen Essstörungen vorgestellt, und dabei wird auf die jeweiligen Symptome eingegangen. Falls Sie feststellen, dass eines oder mehrere Symptome der folgenden Essstörungen auf Ihr Kind zutreffen, sollten Sie sich unbedingt an Ihren Kinderarzt oder eine Beratungsstelle (siehe Seite 125) wenden. Denn bereits das Auftreten einzelner Symptome kann ein Anzeichen für ein gestörtes Essverhalten oder eine beginnende Essstörung sein.
Allen Essstörungen ist gemeinsam, dass sich die Kinder dabei sehr intensiv mit ihrer Nahrungsaufnahme und ihrem Gewicht beschäftigen.

Oder gab es vielleicht doch den einen oder anderen Hinweis?

Restrained Eating

Beim Restrained Eating, also dem »gezügelten Essverhalten« treten bei Kindern folgende Symptome auf:

- Sie schränken von sich aus ihre Nahrungszufuhr ein.
- Sie versuchen, ihre Appetit- und Hungersignale ganz bewusst zu überhören.

Gewichtsreduktion = Essstörung?

Ihr Kind ist übergewichtig, und Sie haben Angst, dass Sie es in eine der beschriebenen Essstörungen treiben, wenn Sie darauf drängen, dass es sein Gewicht reduziert? Dann beantworten Sie die Gegenfrage: Wenn Ihr Kind weiterhin übergewichtig bleibt, wird sich sein Risiko, an einer Folgekrankheit zu erkranken, im Laufe der Zeit vervielfachen – möchten Sie dabei zusehen? Ihre Antwort ist sicher »Nein«. Und denken Sie bitte daran: Wenn Ihr Kind lernt, wie vernünftige Ernährung aussieht und es versteht, dass Bewegung Spaß macht, werden sich seine Gewichtsprobleme mit Ihrer, vielleicht auch mit externer Hilfe bald von selbst erledigen.

Nicht jede Gewichtsabnahme mündet in eine Essstörung

- Sie zählen sich jeden Bissen einzeln in den Mund.

Mit diesen rigiden Maßnahmen versuchen die betroffenen Kinder, ihr Gewicht zu halten oder zu reduzieren. Das gezügelte Essverhalten ist eine häufige Begleiterscheinung bei einer Adipositas.

Binge Eating Disorder

Essanfälle ohne Erbrechen als Hauptmerkmal

Bei einer Binge Eating Disorder treten immer wieder Essanfälle auf, jedoch ohne dass das Kind – wie bei der Bulimie – danach erbricht. Es wird geschätzt, dass inzwischen 10 bis 20 Prozent aller Übergewichtigen von dieser Störung betroffen sind. Die wichtigsten Symptome sind folgende:

- Die Kinder haben Essanfälle.
- Sie können während eines Anfalls ihr Essverhalten nicht mehr kontrollieren.
- Die Kinder haben mindestens zwei Anfälle pro Woche über mindestens drei Monate.

Bulimie

Die Bulimie ist wohl die bekannteste dieser Essstörungen. Sie verläuft oftmals sehr unauffällig, da die betroffenen Personen durch das Erbrechen nach den Essanfällen ihr Gewicht halten und meist sehr schlank sind.

Was ist ein Essanfall?

Essanfälle können bei der »Binge Eating Disorder« oder einer »Bulimie« auftreten. Ein konkreter Essanfall liegt dann vor, wenn mindestens drei der folgenden Kriterien auftreten:

- Die Kinder essen große Mengen.
- Die Kinder schlingen sehr schnell.
- Die Kinder essen, bis ihnen schlecht wird.
- Sie essen auch, ohne dass ein Hungergefühl besteht.
- Die Kinder versuchen heimlich zu essen, weil es ihnen peinlich ist.
- Nach dem Essanfall fühlen sich die Kinder schuldig oder angeekelt.

Kommt Ihnen der eine oder andere Punkt bekannt vor?

Die Bulimie fällt vor allem durch folgende Symptome auf:

- Die Kinder haben Essanfälle, wie im Kasten oben beschrieben, und erbrechen nach einem solchen Anfall die Nahrung willentlich.
- Sie können während eines Anfalls ihr Essverhalten nicht mehr kontrollieren, das heißt, sie können nicht mehr aufhören.
- Die Kinder haben mindestens zwei Anfälle pro Woche über mindestens drei Monate.

Hilfe von außen

Wenn Sie nach einiger Zeit das Gefühl haben, dass Sie und Ihr Kind dessen Gewichtsprobleme einfach nicht allein in den Griff bekommen, sollten Sie sich Hilfe holen. Professionelle Unterstützung ist vor allem dann wichtig, wenn …

- … Ihr Kind starkes Übergewicht, also eine Adipositas, hat.
- … Ihr Kind bereits unter den Begleit- oder Folgeerkrankungen seines Übergewichts leidet.
- … ein gestörtes Essverhalten vorliegt.
- … Ihr Kind unter einer Essstörung leidet.
- … es wegen des kindlichen Übergewichts ständig zu Streitereien in Ihrer Familie kommt.

An wen kann ich mich zuerst wenden?

Unterstützung gibt es inzwischen fast immer vor Ort. Am einfachsten erkundigen Sie sich bei …

Die wichtigsten Anlaufstellen

- Ihrer Krankenkasse
- einer Ernährungsberatung
- bei Selbsthilfegruppen
- beim Schularzt
- bei Ihrem Kinderarzt
- bei sozialpsychologischen Beratungsstellen in Ihrer Nähe.

Alle genannten Stellen beziehungsweise Personen bieten entsprechende Programme für dicke Kinder an oder können Sie zumindest zu den entsprechenden Stellen weitervermitteln.

Sie sind nicht allein!

Sie sind verzweifelt, weil gerade Ihr Kind betroffen ist? Denken Sie daran, dass Adipositas von der WHO inzwischen als chronische Krankheit eingestuft wird. Und mit einem gebrochenen Bein oder Asthma gehen Sie ja auch zum Arzt, oder?

Zum Schämen gibt's keinen Grund

Sie brauchen sich für das Übergewicht Ihres Kindes nicht zu schämen. Überwinden Sie diese Scham, und Sie werden schnell feststellen, wie viele Familien davon betroffen sind.

Ambulante Therapieprogramme

Landesweit werden Programme für dicke Kinder angeboten. Die Angebote sind sehr unterschiedlich, so dass Sie im Idealfall das Passendste für sich und Ihr Kind heraussuchen können. Im Anhang (siehe Seite 125) finden Sie Kontakt-Adressen für entsprechende Angebote in Deutschland, Österreich und der Schweiz. Es gibt zusätzlich aber noch viele kleinere Anbieter. Deren Adressen erfahren Sie über Ihren behandelnden Kinderarzt oder Ihre Krankenkasse.

Die wichtigsten Programme im Überblick

Die Vielfalt der angebotenen Programme, die sich mit übergewichtigen Kindern beschäftigen, ist groß. Deshalb finden Sie hier zum »Hineinschnuppern« nur einige der bekanntesten Programme. Auch an dieser Stelle werden die wichtigsten Basisinformationen vorher knapp erläutert:

Auch hier die Basics vorab

Wo? Programme werden bundesweit angeboten, aber auch im regionalen Rahmen. Hier die Angaben der Länder.
Alter? Die Programme werden oft für unterschiedliche Altersstufen angeboten.
Dauer? Wie lange dauert der gesamte Programmblock?
Zeit? Die wöchentliche Stundenzahl kann variieren.
Kosten? So viel kostet die Teilnahme am Programm.
Vorteile? Das ist an diesem Programm so besonders.
Fazit! Die Kurzzusammenfassung

Moby Dick

Programme für Deutschland ...

Wo? Deutschland
Alter? 7–14 Jahre
Dauer? 12 Monate
Zeit? 3 Stunden pro Woche, davon 90 Minuten Ernährung, 90 Minuten Bewegung.
Kosten? 103,– € pro Monat, je nach Krankenkasse werden die Kosten teilweise erstattet.
Vorteile? Ca. alle 6 Wochen Elternabende, Betreuung durch eine Psychologin, Weihnachtsfeier, Ferienprogramm, Aktivwochenenden für Eltern und Kinder. Nach Ablauf des 12-monatigen Programms teilweise Folgeangebot als Moby Dick Club.
Fazit! Moby Dick ist ein tolles Programm für Familien, die nicht mehr als 1 zusätzlichen Termin pro Woche einplanen können oder wollen.

Vitakids

Wo? Deutschland
Alter? 6–12 Jahre
Dauer? 3 bis 5 Monate
Zeit? mindestens 1-mal in 3 Wochen
Kosten? 280,– € für 3 Monate, 370,– € für 5 Monate, zzgl. jeweils 15,– € Anmeldegebühr. Die Kosten werden teilweise von den Kassen übernommen.
Vorteile? Wahlweise ist Einzel- oder Gruppenberatung möglich, aber auch Elternabende und Einzelgespräche für Eltern. Es bestehen Kooperationen mit Anbietern von interessanten Sportprogrammen.
Fazit! Kind- und familiengerechte Therapie.

FITOC

Wo? Deutschland
Alter? 4–16 Jahre
Dauer? 12 Monate: 8 Monate Intensivphase, danach 4 Monate Überwachungsphase.
Zeit? Intensivphase: 3 Stunden Sport pro Woche, 1-mal pro Monat Kinderkochen; Überwachungsphase: 1–2-mal pro Woche Sport.
Kosten? Keine Angaben!
Vorteile? Elternabende, Kindergesprächsrunden, psychologische Untersuchung, individuelle Ernährungsberatung.
Fazit! Ideal für Familien, die viel Zeit investieren können.

Club Minu

... die Schweiz ...

Wo? Schweiz, Zürich
Alter? 11–15 Jahre
Dauer? 9 Monate
Zeit? alle 2 Wochen 2 Stunden für Eltern und Kinder.
Kosten? SFr. 1400,– zzgl. SFr. 100,– Anmeldegebühr; Gebühren werden teilweise erstattet.
Vorteile? 2 Wochen Sommerlager, Webseite mit Forum und direktem Kontakt zum Club-Minu-Team.
Fazit! Ein umfassendes Therapieprogramm, das vor allem für Kinder, welche die Online-Angebote nutzen können, der Hit ist.

Schlank ohne Diät

... und Österreich

Wo? Österreich
Alter? 8–12 Jahre
Dauer? 10 Wochen
Zeit? 1-mal proWoche
Kosten? Die Kosten für die Verordnung werden individuell mit den Ärzten und Psychologen vor Ort abgesprochen.
Vorteile? Einzel- und Gruppenberatung möglich, die Eltern werden mitbetreut.
Fazit! Umfassende kind- und familiengerechte Therapie mit dem Vorteil, dass Sie Termine sogar individuell absprechen können.

Power-Kids – der Koffer für zu Hause

Sollten Sie in Ihrer Nähe zur Zeit keine geeignete Gruppe finden, können Sie auf ein Angebot der AOK zurückgreifen. Sie bietet gemeinsam mit der »Stiftung Kindergesundheit« das Programm »Power Kids« an. Sie erhalten einen Koffer mit Spiel- und Lernmaterialien, die Sie zu Hause in Ihrer Familie zum Einsatz bringen. Zusätzlich gibt es über die dazugehörige Homepage die Möglichkeit, sich mit Gleichgesinnten und Betreuern auszutauschen.

Passt das Programm zu meinem Kind?

Sie haben sich zusammen mit Ihrem Kind entschieden, dass Sie gemeinsam in Sachen Therapie aktiv werden wollen. Dann sollten Sie jetzt mithilfe der folgenden Checkliste prüfen, ob die in Frage kommenden Programme vor Ort tatsächlich für Ihr Kind und Ihre Situation geeignet sind:

✔ Was wird speziell für Ihr Kind und seine Probleme angeboten?

✔ Werden alle drei Therapiesäulen (Ernährung, Bewegung und Psyche) bedient?

✔ Wie sieht das Theorie-Praxis-Verhältnis aus?

✔ Werden Praxis und Theorie angeboten, und ist die Theorie auch für Grundschulkinder aufgearbeitet? Kurze theoretische Einheiten sind wichtig für das Verständnis.

✔ Was wird für Sie als Eltern angeboten? Sind regelmäßige Elternabende mit vielen Informationen oder gemeinsame Feiern im Preis inklusive?

✔ Findet das Programm ausschließlich »live« in Seminarräumen statt, oder gibt es zusätzliche Angebote wie Chats im Internet oder regelmäßige Info-Post?

✔ Gibt es eine eingehende Anfangsuntersuchung?

✔ Gibt es eine individuelle Ernährungsberatung?

✔ Wie viele Stunden pro Woche dauert das Angebot, und wie passt das zur Zeitplanung Ihrer Familie?

✔ Über wie viele Wochen oder Monate zieht sich das Angebot insgesamt hin?

✔ Wie groß sind die Gruppen? Zu kleine Gruppen werden vor allem beim Sport schnell langweilig, zu viele Teilnehmer sind anstrengend, mindern den Lerneffekt der theoretischen Einheiten und ermöglichen nur wenig individuelle Arbeit.

✔ Wer leitet die Gruppen, welche Ausbildung haben die Betreuer?

✔ Was kostet das Angebot? Wie viel davon übernehmen die Krankenkassen?

✔ Was passiert nach Ablauf des gesamten Programms? Gibt es weiterführende Gruppen oder regelmäßige Treffen?

Ihre Checkliste – damit das Programm zu Ihrem Kind und Ihnen passt!

Das Optimale: Alle machen mit

Ideal: Ihr komplettes Umfeld spielt mit

Gemeinsam sind wir stark – das gilt besonders beim Einüben eines gesunden Ernährungs- und Bewegungsverhaltens. Doch so sehr Sie sich auch bemühen und ein gutes Vorbild sind, es lockt doch stets der mit Naschereien überladene Schulkiosk oder die Chipsrunde nach dem Fußballspiel. Machen Sie sich den Einfluss Ihrer Umgebung zunutze. Sprechen Sie andere Eltern, den Kindergarten, die Schule oder den Verein Ihres Kindes auf das Problem an, und planen Sie gemeinsam ein gesünderes Leben.

Die besten Ideen

Ideen gibt es viele – hier einige Beispiele

Viele Übungsleiter, Erzieher und Lehrer wären froh, wenn es mehr engagierte Eltern gäbe. Zeigen Sie, dass Sie gute Ideen haben und bereit sind, eventuell auch mitanzupacken. Sie werden sich wundern, wie viele offene Türen Sie dann mit Ihrem Anliegen einrennen. Damit Ihnen die Ideen nicht ausgehen, hier eine Liste für Sie, die Sie beliebig ergänzen können.

Elternschule

Gegen eine kleine Umlage sind viele Ärzte, Heilpraktiker und Ernährungsberater gerne bereit, Vorträge und Kurse abzuhalten.

- Fragen Sie bei Krankenkasse, Arzt oder Heilpraktiker wegen eines Vortrags zum Thema Ernährung in den verschiedenen Altersstufen an.
- Gestalten Sie gemeinsam mit den anderen Eltern ein gesundes Buffet während oder nach der Turn-, Tobe- oder Bastelstunde.
- Regen Sie gemeinsames Backen oder Kochen mit gesunden Rezepten für Kinder an.
- Fragen Sie wegen eines Kinder-Kochkurses nach.
- Gibt es vielleicht irgendwo die Möglichkeit, dass die ganze Familie zusammen Sport treibt?

Organisieren und umsetzen lässt sich einiges

Kindergarten

Im Kindergarten sind Ihre Einflussmöglichkeiten geringer als in der Elternschule. Doch gemeinsam mit anderen Eltern und viel Engagement lassen sich auch hier Ideen umsetzen. Wichtig: Fragen Sie vorher nach, was erwünscht oder vielleicht bereits geplant ist.

- Schlagen Sie zu einem besonderem Anlass ein gemeinsames Kochen vor.
- Organisieren Sie zu einem besonderen Anlass ein leckeres, gesundes Buffet.

Das Ziel: die Umwelt auf das Problem aufmerksam machen

- Schlagen Sie als Elternabend-Thema »Gesunde Ernährung« oder »Bewegung« vor. Versuchen Sie, jemanden für einen kurzen Vortrag zu dem Thema zu begeistern.
- Organisieren Sie ein Treffen mit anderen betroffenen Eltern zum Erfahrungsaustausch.
- Schlagen Sie einen Ausflug zum nächsten Abenteuerspielplatz oder zum Schwimmen vor. Unterstützen Sie den Vorschlag, indem Sie den Ausflug begleiten.
- Schlagen Sie eine Kooperation mit einem Sportverein vor. Dann kann vielleicht einmal pro Woche Abenteuerturnen ins Standardprogramm aufgenommen werden.

Schule

Wenn Sie hier Veränderungen erreichen wollen, müssen Sie eng mit den Lehrern, dem Elternbeirat und der Schulleitung zusammenarbeiten.

- Fragen Sie nach Sportförderunterricht. Er wird speziell für Kinder mit motorischen Defiziten zusätzlich zum Schulsport angeboten. Ob Ihr Kind am Sportförderunterricht teilnehmen sollte, entscheidet meist der Sportlehrer.
- Erkundigen Sie sich nach Kooperationen mit Sportvereinen. Dann kann ein- bis zweimal pro Woche im Anschluss an den Unterricht oder am frühen Nachmittag eine Extra-Sportstunde angeboten werden. Das Angebot kann von Tischtennis bis zu Zirkustechniken reichen. Erkundigen Sie sich auch nach Zuschüssen für

Der Schulhof sollte Platz für Bewegung und Spiel bieten.

Übungsleiter und Budgets für Sonderanschaffungen.

- Schlagen Sie beispielsweise einen Besuch bei »Apfelklops & Co.« vor, einer Kinderliedertour der Bundeszentrale für gesundheitliche Aufklärung zum Thema Ernährung und Bewegung. Fragen Sie bei Ihrer Krankenkasse nach ähnlichen aktuellen Angeboten.
- Schlagen Sie beim Wandertag eine echte Wanderung statt einer bewegungsarmen Bustour vor, und stellen Sie sich als Betreuer zur Verfügung.

Machen Sie Schulleitung und Lehrer zu Ihren Mitstreitern

- Fragen Sie nach, ob die Einführung einer bewegten Pause gewünscht wird. Hierzu gibt es speziell für Grundschulen viele Schulungsmaterialien.
- Vielleicht haben Sie ja Ideen, wie das Angebot des Schulkiosks gesünder werden könnte. Sprechen Sie deshalb mit Schulleitung und Hausmeister.

Verein

Vereine sind neuen Ideen gegenüber meist recht aufgeschlossen. Sie freuen sich über jedes neue Mitglied und natürlich über jede helfende Hand.

- Fragen Sie dort nach, ob eine Kooperationen mit Kindergarten und Schule infrage käme.
- Schlagen Sie spezielle Angebote für dicke Kinder oder Kooperationen mit ambulanten Therapieprogrammen vor.
- Fragen Sie nach Eltern-Kind- und Familien-Turn-Angeboten.
- Statt der Verteilung der üblichen Schokoweihnachtsmänner könnte man auch einmal gemeinsam backen. Und nach der »Back-Arbeit« kommt das »Turn-Vergnügen« mit anschließendem Kekse-Naschen.

Fruchtbarer Boden für Ihre Ideen!

- Schlagen Sie Inlineskating-Kurse für die ganze Familie vor.
- Fragen Sie nach Wander- oder Badetagen, und bieten Sie Ihre Mithilfe als Begleitperson an.
- Fragen Sie nach Kinder- und Familien-Ferienfreizeiten.

Und das war noch nicht alles ...

Sie sehen, die Möglichkeiten, sich in den Bereichen »Ernährung« und »Bewegung« für dicke Kinder zu engagieren, sind schier endlos. Und dabei konnten hier nur einige ausgewählte Ideen aufgezählt werden. Lassen Sie sich inspirieren und denken Sie sich noch weitere Aktivitäten aus. Natürlich lässt sich nicht immer alles davon realisieren, etwa wegen fehlender Mittel in Schule und Kindergarten. Aber mit Engagement und Tatkraft können Sie gemeinsam mit anderen Betroffenen durchaus einiges auf die Beine stellen.

Vor allem niemals aufgeben!

Zum Nachschlagen

Bücher, die weiterhelfen

Zum Thema Übergewicht allgemein

Hauner, Dr. D./Hauner, Prof. Dr. H.: *Wirksame Hilfe bei Adipositas*; Trias Verlag

Zum Thema Ernährung

Cramm, D. v. (Hrsg.): *Das große GU Familien Kochbuch*; Gräfe und Unzer Verlag

Cramm, D. v.: *Kinder Koch-Alphabet*; Gräfe und Unzer Verlag

Cramm, D. v.: *Kochen für Kinder quick & easy*; Gräfe und Unzer Verlag

Elmadfa, Prof. Dr. I., / Aign, W./Muskat, Prof. Dr. E./Fritzsche, D.: *Die große GU Nährwert-Kalorien-Tabelle*, Gräfe und Unzer Verlag

Ellrott, Th./Ellrott, B.: *Fettfalle Supermarkt*; Umschau Verlag

Klevers Kompass Kalorien & Fette; Gräfe und Unzer Verlag

Petersen, Ch./Hamm, M.: *Moby Dicks Spaßdiät für Kinder*; Ullstein Verlag

Zum Thema Bewegung

Bartl, A./Wolters, D.: *Fun Olympics. Sport- und Spaßspiele für alle*; Verlag an der Ruhr

Bischops, K./Gerards, H.: *Tipps für Sportspiele*; Meyer & Meyer Verlag

Friedl, J./Kraus, S.: *Pi-Pa-Purzelbaum. Spielerische Bewegungsförderung für Kinder*; Kösel Verlag

Hechenberger u. a.: *Bewegte Spiele für die Gruppe*; Ökotopia Verlag

Trautwein, G.: *Alte Kreisspiele neu entdeckt. Sing-, Tanz- und Bewegungsspiele für Kinder und Erwachsene*; Herder Verlag

Sonstiges

Schneller, P./Sander, K.: *Straßen-, Hof- und Gartenfeste. Planung, Organisation und Gestaltung kindgerechter Spielfeste*; Ökotopia Verlag

Adressen, die weiterhelfen

Diaita – Gesellschaft für Ernährungsmedizin und Diätetik e. V.
Kurbrunnenstraße 5
D–52066 Bad Aachen
info@ernaehrungsmed.de
www.ernaehrungsmed.de

Deutsche Adipositas-Hilfe e. V. (DAH)
Postfach 1253
D–33749 Schloß Holte
www.deutsche-adipositas-hilfe.de

DGE – Deutsche Gesellschaft für Ernährung e. V.
Godesberger Allee 18
D–53175 Bonn
www.dge.de

Schweizerische Vereinigung für Ernährung
Effingerstrasse 2
Postfach 8333
CH–3001 Bern
www.ernaehrung.org

Schweizerischer Fachverein Adipositas im Kindes- und Jugendalter (AiKJ)
Migros Kulturprozent
MGB, Sekretarat AiKJ,
Postfach,
CH–8031 Zürich,
E-Mail: aikj@mgb.ch

Österreichische Gesellschaft für Ernährung
Zaunergasse 1–3
(Palais Fanto)
A–1030 Wien
www.oege.at
E-Mail: info@oege.at

Forschungsinstitut für Kinderernährung
DONALD-Studie
Heinstück 11
D–44225 Dortmund
www.fke-do.de

Bundeszentrale für gesundheitliche Aufklärung (BzgA)

Postfach 910152
D–51071 Köln
www.bzga-ess
stoerungen.de

Informationen im Internet

www.spielekiste.de

www.5amtag.de

www.talkingfood.de

www.foodnews.ch

www.adipositas-online.com

Ambulante Therapieprogramme

Deutschland

FITOC
Medizinische Uniklinik Freiburg
Abt. Rehabilitative und Präventive Sportmedizin
Hugstetter Str. 55
D–79106 Freiburg
info@fitoc.de
www.fitoc.de

Moby Dick
Präventionszentrum
Dr. C. Petersen
Lilienstraße 36
D–20095 Hamburg
info@mobydickhamburg.de
www.mobydickhamburg.de
www.mobydicknetzwerk.de

Power Kids
AOK-Verlag GmbH
Postfach 1120
D–53424 Remagen
www.powerkids.de

Vitakids-Programm
Studio für Ernährungsberatung
Dr. Petra Ambrosius
Sonnenberger Str. 100
D–65193 Wiesbaden
www.dr-ambrosius.de

Österreich

Schlank ohne Diät
Univ. Prof. Dr. R. Schoberberger
Institut für Sozialmedizin der Universität Wien
AG Gesundheitserziehung
Rooseveltplatz 3
A–1090 Wien
www.sod.at

Schweiz

Club Minu
Heinrichstr. 217
CH–8031 Zürich
www.minuweb.ch

Sachregister

Rezepte im Überblick

Bewegungsspiele im Überblick

Das Original mit Garantie

Ihre Meinung ist uns wichtig. Deshalb möchten wir Ihre Kritik, gerne aber auch Ihr Lob erfahren. Um als führender Ratgeberverlag für Sie noch besser zu werden. Darum: Schreiben Sie uns! Wir freuen uns auf Ihre Post und wünschen Ihnen viel Spaß mit Ihrem GU-Ratgeber.

Unsere Garantie: Sollte ein GU-Ratgeber einmal einen Fehler enthalten, schicken Sie uns das Buch mit einem kleinen Hinweis und der Quittung innerhalb von sechs Monaten nach dem Kauf zurück. Wir tauschen Ihnen den GU-Ratgeber gegen einen anderen zum gleichen oder einem ähnlichen Thema um.

Ihr Gräfe und Unzer Verlag
Redaktion Gesundheit
Postfach 86 03 25
81630 München
Fax: 089/4 19 81-113
E-Mail: leserservice@graefe-und-unzer.de

Impressum

Redaktionsleitung: Ulrich Ehrlenspiel
Redaktion: Silvia Herzog
Lektorat: idee & text, Gabriele Heßmann
Bildredaktion: Christine Majcen-Kohl
Umschlaggestaltung: independent Medien-Design
Innenlayout: Heinz Kraxenberger
Herstellung: Petra Roth
Satz: Knipping Werbung GmbH, München
Repro: Repro Ludwig, Zell am See
Druck: Appl, Wemding
Bindung: Sellier, Freising

ISBN 3-7742-6047-8
Auflage: 4. 3. 2. 1.
2006 2005 2004 2003

GRÄFE UND UNZER

Ein Unternehmen der
GANSKE VERLAGSGRUPPE

Fotoproduktion: Sandra Seckinger, München
Weitere Fotos: Corbis: Seite 93, 123. Getty Images: Seite 52, 96. GU: Seite 3, 100–101 (alle A. Anders), 21, 38, 59, 63, 64–65, (alle Studio R. Schmitz), 46, 98–99 (alle T. Roch). Imagebank: Seite 13, 84. Mauritius: Umschlag vorne, Seite 2, 26–27, 70, 108. Zefa: Seite 86, 88, 121.
Illustrationen: Detlef Seidensticker, München; Abbildungen der Perzentilen auf Seite 10 und 11 nach K. Kromeyer-Hauschild, M. Wabitsch, D. Kunze et al.: Monatsschrift Kinderheilkunde 149 (2001).
Dank: Die Autorin bedankt sich besonders bei ihrer Freundin und Agentin Barbara Klement sowie bei dem besten Ehemann der Welt, der ihr während des Schreibens stets den Rücken freihält.

Umwelthinweis: Dieses Buch wurde auf chlorfrei gebleichtem Papier gedruckt. Um Rohstoffe zu sparen, haben wir auf Folienverpackung verzichtet.

Die **GU-Homepage** finden Sie im Internet unter **www.gu-online.de**

Wichtiger Hinweis

Die Inhalte dieses Buches wurden äußerst sorgfältig recherchiert und geprüft. Dennoch können nur Sie selbst entscheiden, ob die hier geäußerten Vorschläge und Ansichten auf Ihre eigene Lebenssituation übertragbar und für Sie beziehungsweise Ihr Kind passend und hilfreich sind.

Weder die Autoren noch der Verlag können für eventuelle Nachteile oder Schäden, die aus den im Buch gegebenen praktischen Hinweisen resultieren, eine Haftung übernehmen.